Denk- **&** Spielspaß
mit **Pfiff**

Optische
Täuschungen

Daniel Picon

Illustrationen kreiert und zusammengestellt von Daniel Picon
Abbildung Umschlagvorderseite: Daniel Picon
Redaktion und Produktion der deutschen Ausgabe:
akapit Verlagsservice, Berlin – Saarbrücken
Übersetzung aus dem Französischen:
Dagmar Mallett (für akapit Verlagsservice)
Umschlaggestaltung: rincón2, Köln

© Éditions Mango, Paris 2004
Titel der französischen Ausgabe: Illusions d'Optique
© 2010 Tandem Verlag GmbH
7Hill ist ein Imprint der Tandem Verlag GmbH
Alle Rechte vorbehalten
Gesamtherstellung: Tandem Verlag GmbH, Potsdam
ISBN 978-3-8331-5871-1
Printed in China

10 9 8 7 6 5 4 3 2 1

Vorwort

„Zu glauben, es gäbe nur eine Wahrheit, ist von allen Illusionen die gefährlichste."

Paul Watzlawick

O ptische Täuschungen sind Bilder, die das Auge wahrnimmt, ohne dass es dem Gehirn gelingt, sie zu verstehen. Eine Täuschung kann durch zwei Mechanismen entstehen: Entweder versucht das Gehirn, dem Bild einen Sinn zu geben, den es nicht hat, oder eine fehlerhafte Wahrnehmung gibt Anlass zu Fehlinterpretationen. Die Farbe, das Licht, die Perspektive und die Umgebung eines Bildes oder auch der kulturelle Hintergrund des Betrachters können das Verständnis beeinträchtigen.

Optische Täuschungen gab es schon in der Antike. Lange bevor man ihre Ursachen kannte, kamen sie beim Bau der griechischen Tempel und der Pyramiden zum Einsatz! Seit dem 19. Jahrhundert beschäftigen sich Wissenschaftler mit diesem Phänomen. Einige optische Täuschungen sind nach ihren Entdeckern benannt. Wir wünschen auch Ihnen viel Spaß bei Ihrer Entdeckungsreise durch die Welt der Illusionen.

Inhalt

Voll und leer   7
Ehrenstein-Täuschung
Kanizsa-Dreieck

Längen und Winkel   13
Täuschung nach Fick
Müller-Lyer-Figur

Entfernungen   19
Oppel-Kundt-Täuschung

Größen   23
Delbœuf-Paralleltäuschung
Titchener-Täuschung

Geraden   27
Zollner-Illusion
Poggendorf-Täuschung
Heringsche Täuschung

Kurven   33
Jastrow-Illusion

Verzerrungen   39
Frasersche Täuschung

Wellen   49
Caféwall-Illusion

Licht und Schatten   57
Adelson-3d-Illusion
Checker-Shadow

Die Wirkung der Perspektive Ponzo-Täuschung	69
Farben	75
Wie wir Bewegung wahrnehmen	85
Nachbildwirkung auf der Netzhaut Hermann-Gitter	111
Unmögliche Konstruktionen	117
Senkrecht und waagerecht	129
Schweben	133
Versteckte Bilder	137
Lösungen und Erklärungen	151
Biografien	180
Kleines Glossar	182
Ausschneidebilder im Anhang	185

Voll und leer

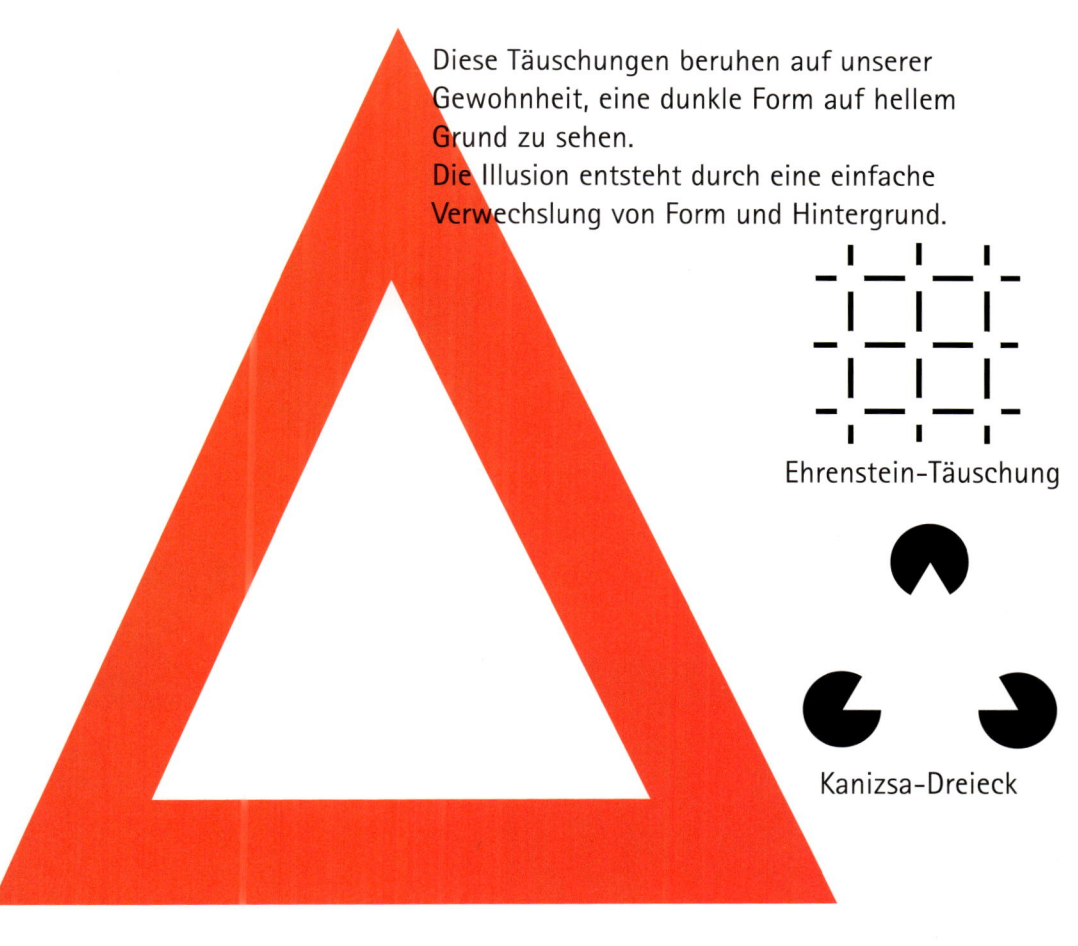

Diese Täuschungen beruhen auf unserer Gewohnheit, eine dunkle Form auf hellem Grund zu sehen.
Die Illusion entsteht durch eine einfache Verwechslung von Form und Hintergrund.

Ehrenstein-Täuschung

Kanizsa-Dreieck

Voll und leer

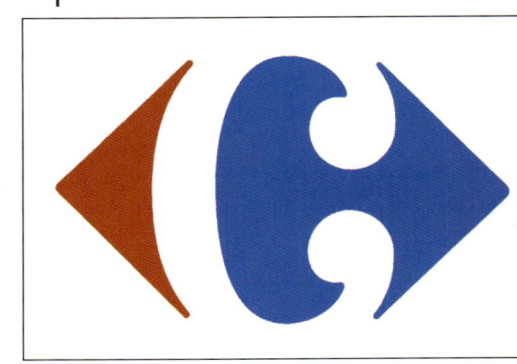

- Welchen Buchstaben stellt dieses Bild dar?

- Zeigen die Pfeile nach oben oder nach unten?

- Sind hier schwarze Pfeile oder weiße Quadrate auf schwarzem Grund zu sehen?

- Was stellt das Logo von Batman dar?

Voll und leer

5

- Zu erkennen ist hier ein gelbes Dreieck, obwohl die Umrisse nicht eingezeichnet sind. Warum sieht das Dreieck auf jeder der drei Zeichnungen anders aus?

6

- Hier erscheint ein Quadrat in der Mitte, obwohl die Umrisse nicht eingezeichnet sind. Warum sieht das Quadrat auf jeder der drei Zeichnungen anders aus?

Voll und leer

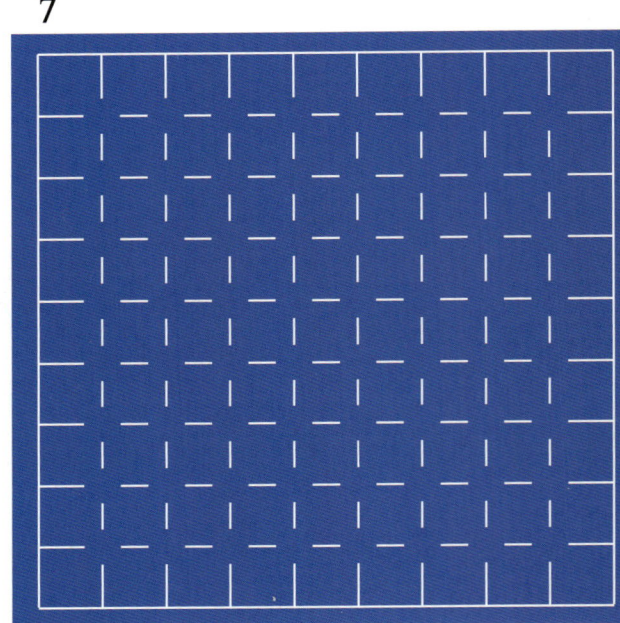

- Was erscheint auf diesen beiden Bildern an den Schnittstellen der Linien? Kreise oder Quadrate?

- Bei dieser Variante entsteht durch die Unterbrechung der Linien ein Karomuster in der Farbe des Hintergrunds.

Voll und leer

• Handelt es sich hier um Vasen oder Profile von Gesichtern?

Voll und leer

12 13

- Sind hier immer noch Vasen und Profile von Gesichtern zu erkennen?

Längen und Winkel

Unsere Wahrnehmung interpretiert Längen unterschiedlich – je nachdem, ob sie senkrecht oder waagerecht verlaufen. Dieses Phänomen hat vielleicht auch etwas damit zu tun, dass die Senkrechte als Symbol für das Leben und die Waagerechte als Symbol für den Tod gilt. Die Senkrechte wird also als positiver empfunden als die Waagerechte.

Auch die Umgebung einer Strecke verändert die Wahrnehmung ihrer Länge.

Perspektivische Darstellung vermittelt räumliche Tiefe. Ein entfernt wirkender Gegenstand ist kleiner als einer im Vordergrund des Bildes.

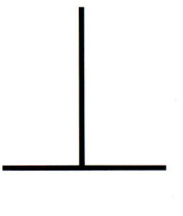

Täuschung nach Fick

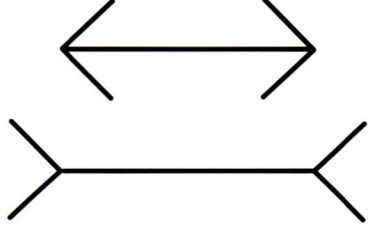

Müller-Lyer-Figur

Längen und Winkel

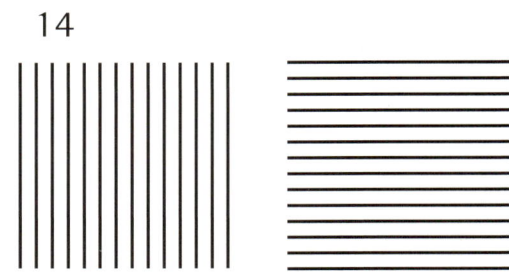

14

- Sind diese Quadrate gleich hoch und gleich breit?

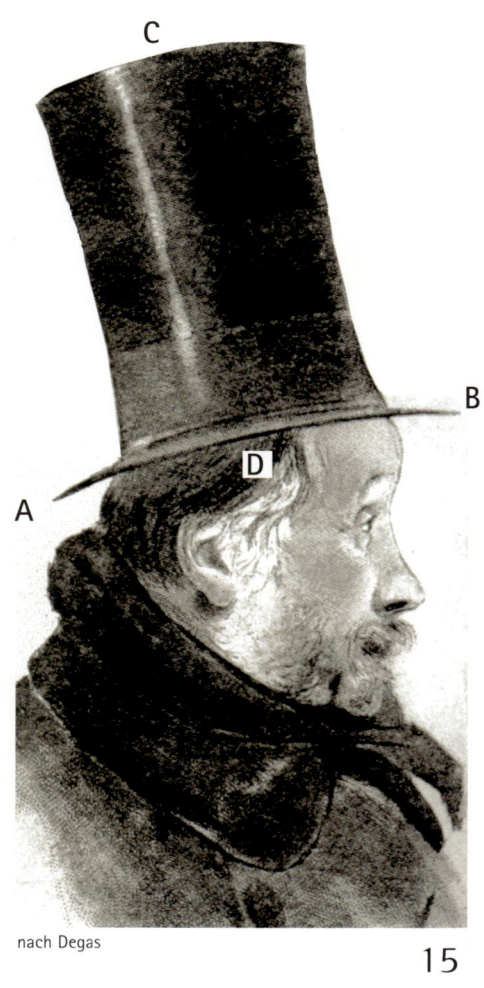

nach Degas

15

- Ist dieser Hut höher (von C nach D) als breit (von A nach B)?

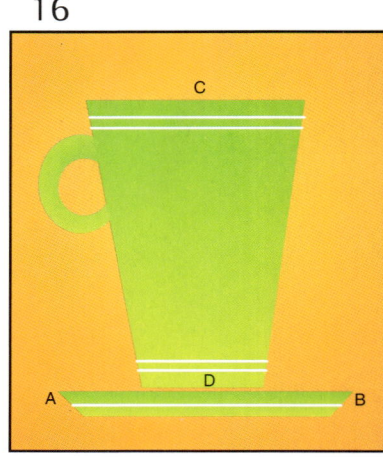

16

- Ist diese Tasse höher (von C nach D) als die Untertasse lang (von A nach B) ist?

Längen und Winkel

17

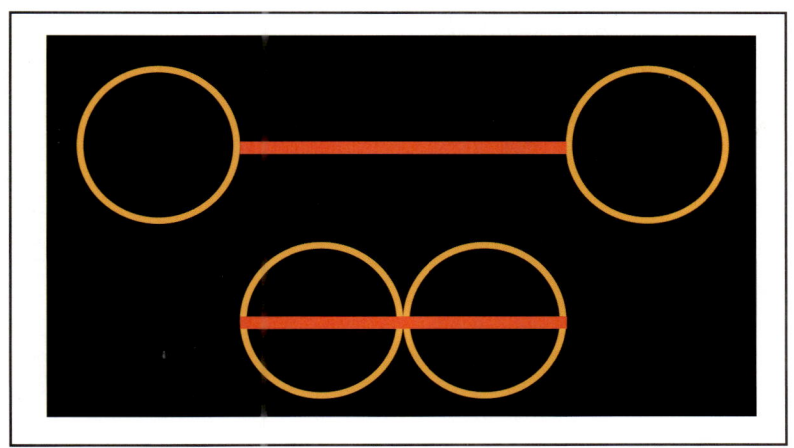

- Sind die roten Linien alle gleich lang?

18

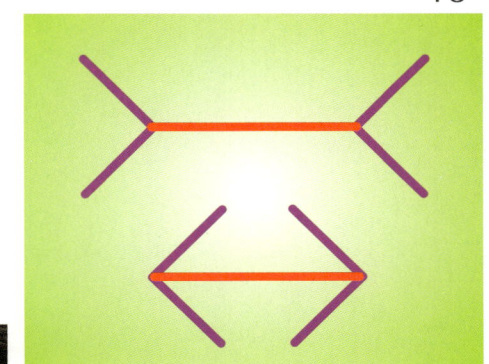

19

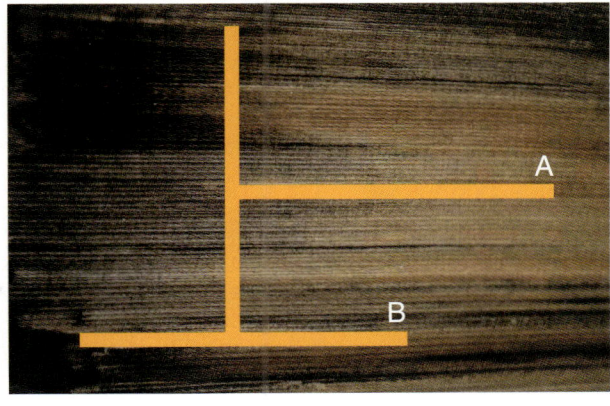

- Ist die Linie A länger als die Linie B?

Längen und Winkel

20

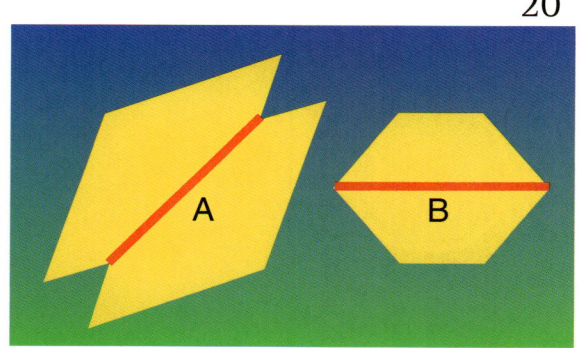

- Ist die Linie A länger als die Linie B?

21

- Ist die Linie A kürzer als die Linie B?

22

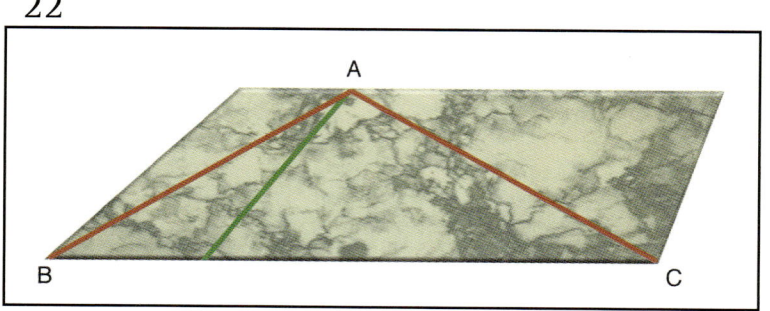

- Ist die Linie von A nach B genauso lang wie die Linie von A nach C?

Längen und Winkel

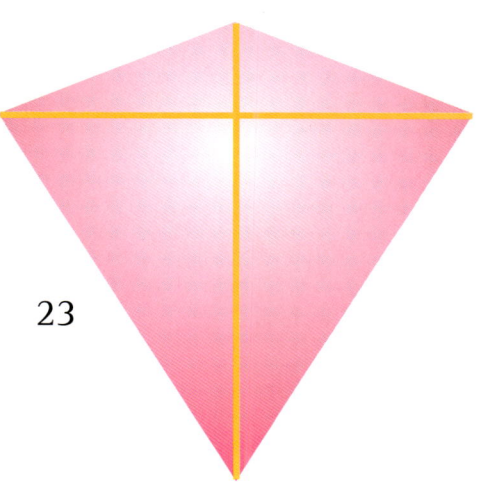

23

- Ist dieser Papierdrachen höher als breit?

24

- Bei diesem Papierdrachen scheinen die unteren Streben kürzer zu sein als die oberen. Wirklich?

Längen und Winkel

25

- Können diese Uhren die genaue Zeit anzeigen?

26

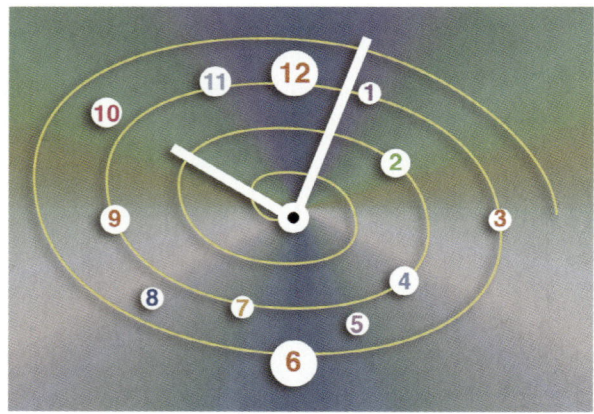

Entfernungen

Das Auge nimmt Entfernungen unterschiedlich wahr – je nachdem, wie die Fläche zwischen zwei Punkten ausgefüllt ist: Ausgefüllte Zwischenräume erscheinen größer als leere Räume.

Auch die Anzahl der Elemente auf einer Strecke beeinträchtigt die Wahrnehmung ihrer Länge.

A ||||| B   C |

Oppel-Kundt-Täuschung

Entfernungen

27

• Was ist der Mittelpunkt des Kreises: A oder B?

28

• Ist der Punkt von der Spitze und von der Grundlinie des Dreiecks gleich weit entfernt?

29

• Ist die senkrechte rote Linie länger als die schräge blaue Linie?

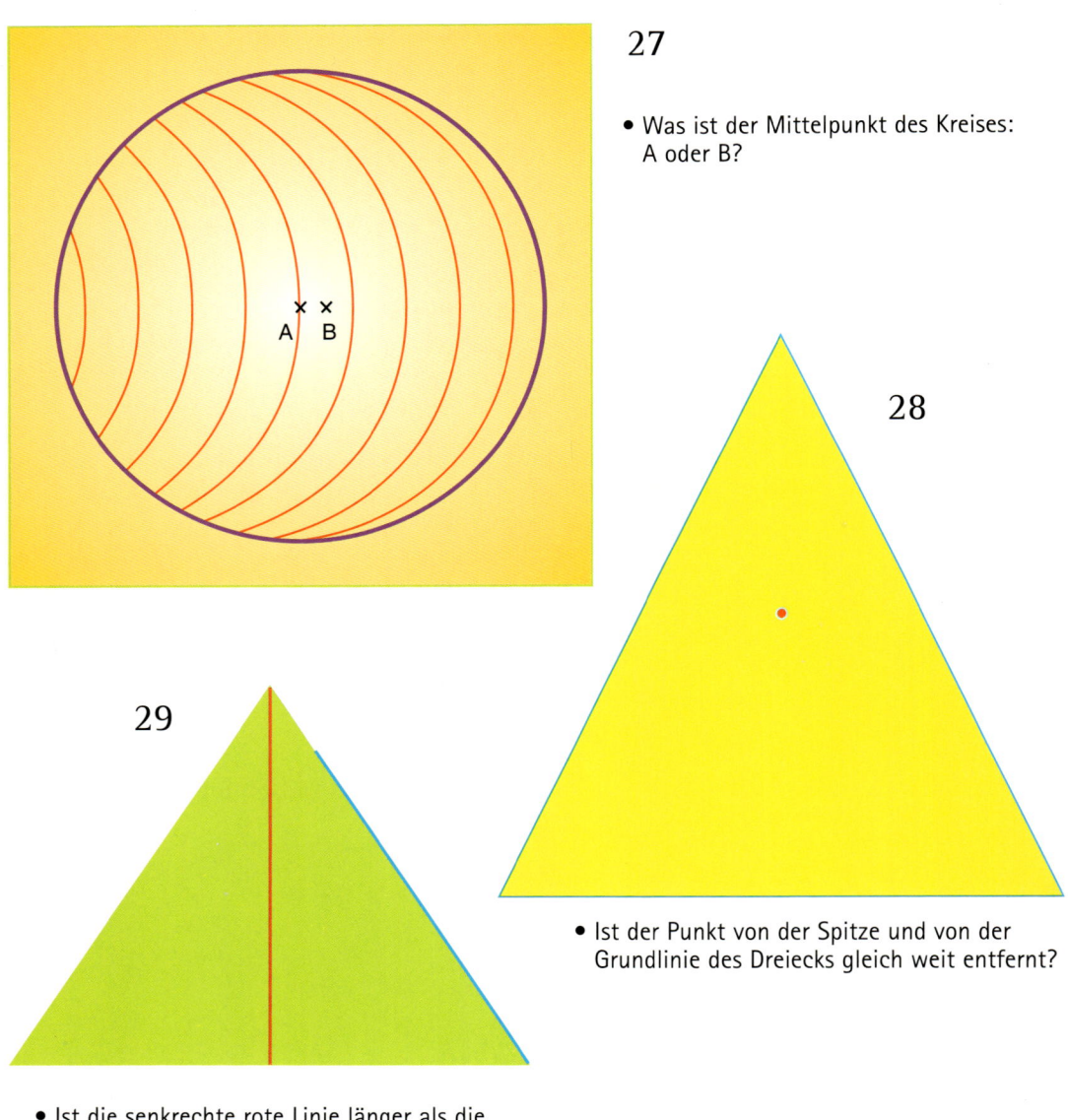

Entfernungen

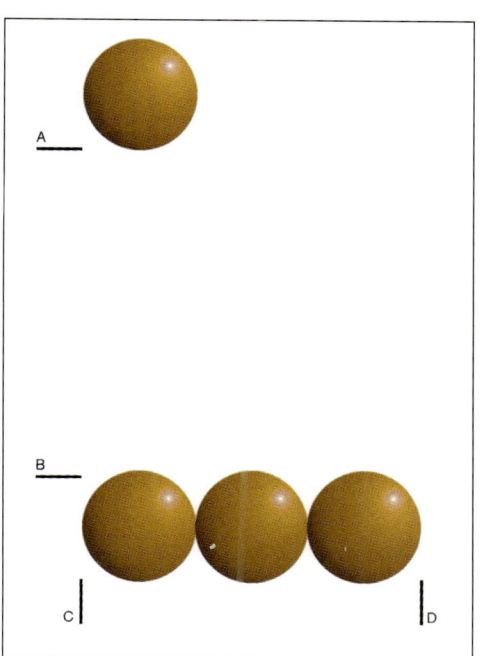

30

• Ist die Strecke von A nach B länger als die Strecke von C nach D?

31

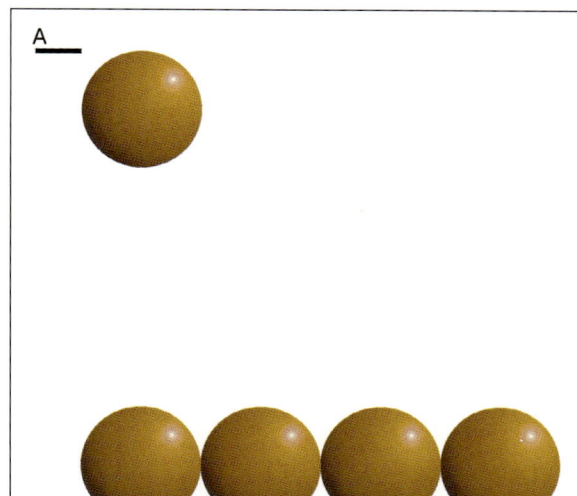

• Ist die Strecke von A nach B kürzer als die Strecke von C nach D?

Entfernungen

32

- Ist die Strecke von A nach B kürzer als die Strecke von C nach D?

33

- Ist der Abstand zwischen den gelben Quadraten immer gleich groß?

Größen

Ein Gegenstand erscheint größer, wenn er von kleineren Elementen umgeben ist. Er erscheint kleiner, wenn er von größeren Elementen umgeben ist.

Delbœuf-Paralleltäuschung

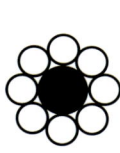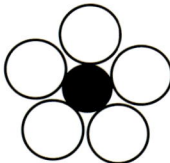

Titchener-Täuschung

Größen

34

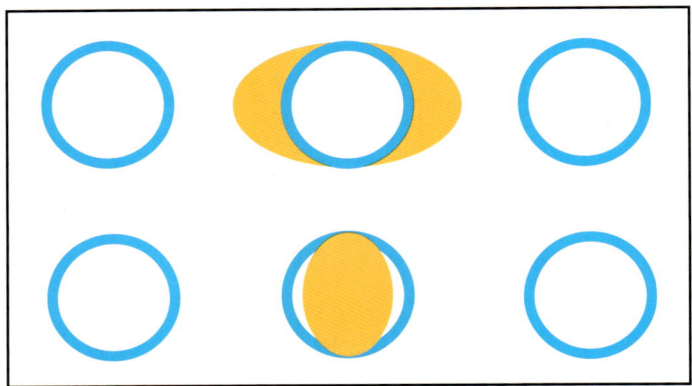

• Sind alle Kreise gleich groß?

• Sind die beiden Eigelbe gleich groß?

35

36

• Ist das grüne Quadrat größer als das orangefarbene?

Größen

37

- Sind die rosafarbenen Quadrate auf beiden Bildern gleich groß?

Größen

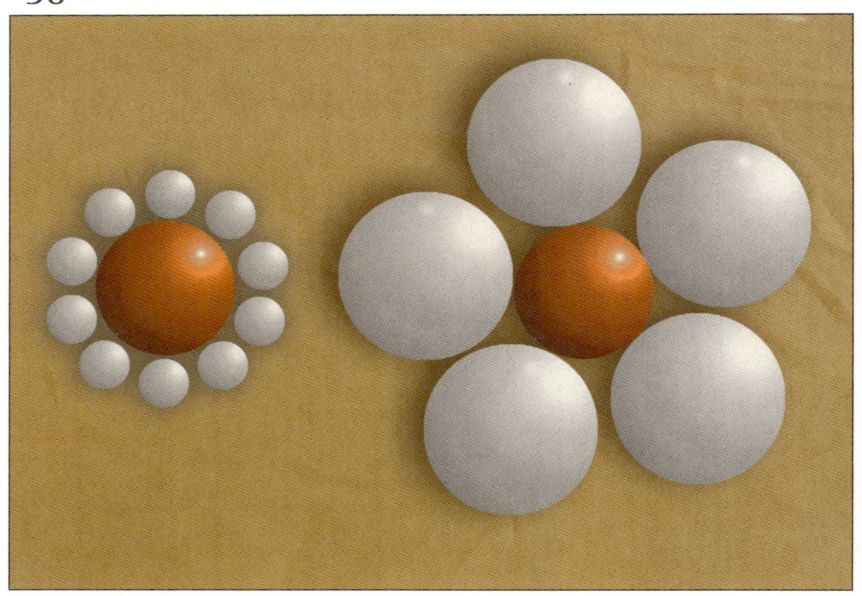

38

• Sind die roten Kugeln gleich groß?

Geraden

Bei der Wahrnehmung einer Geraden oder einer Parallelität führt uns die Anwesenheit anderer Linien in die Irre.

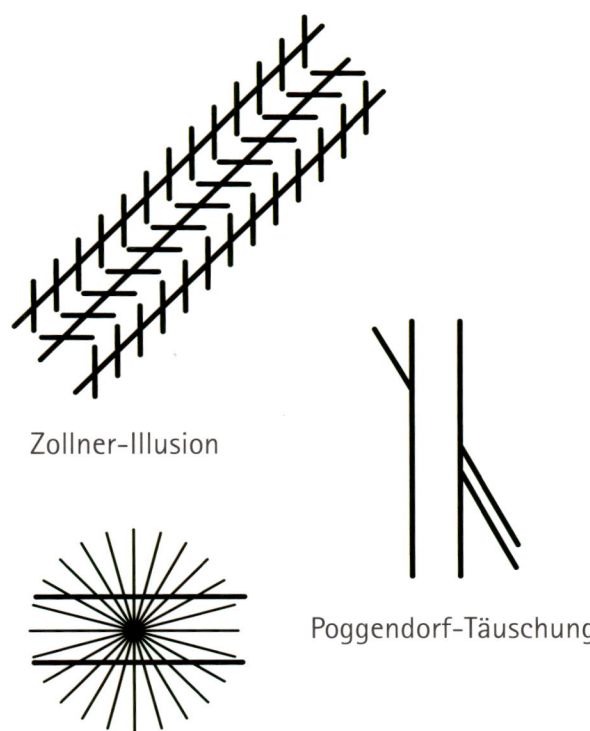

Zollner-Illusion

Poggendorf-Täuschung

Heringsche Täuschung

Geraden

- Sind die waagerechten farbigen Linien gerade oder gekrümmt?

39

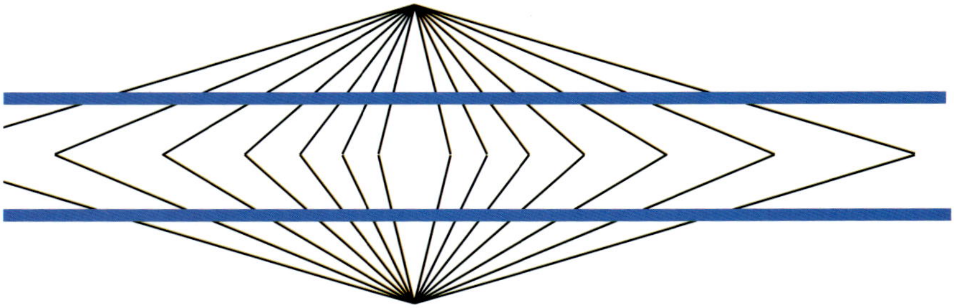

40

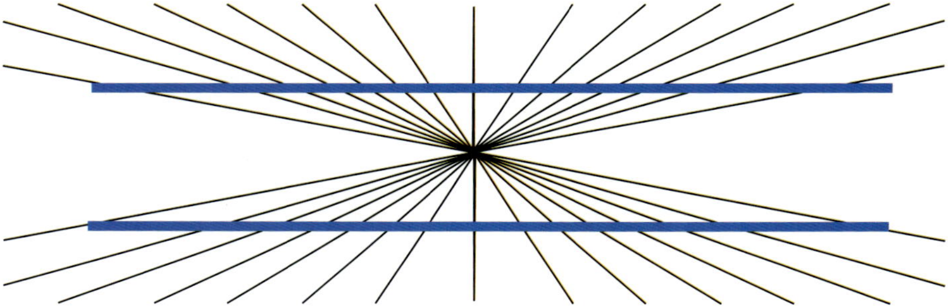

41

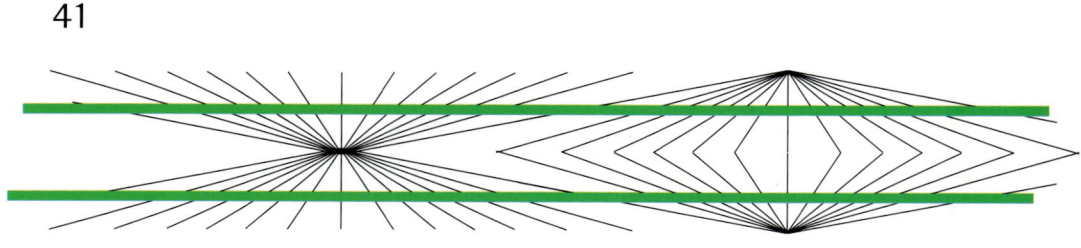

Geraden

42

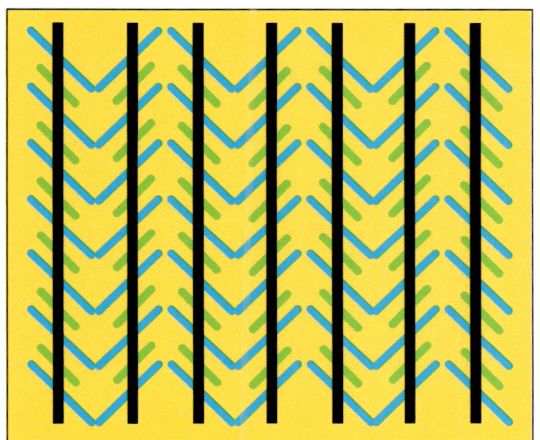

43

44

• Verlaufen die senkrechten Streifen und Linien parallel zueinander?

Geraden

45

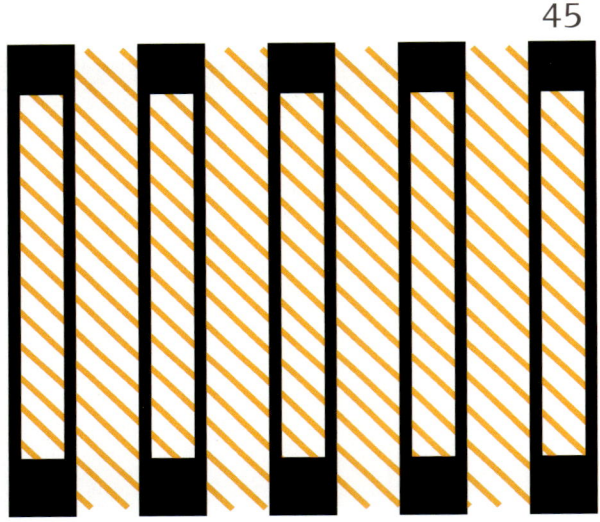

• Sind die schrägen Linien durchbrochen?

46

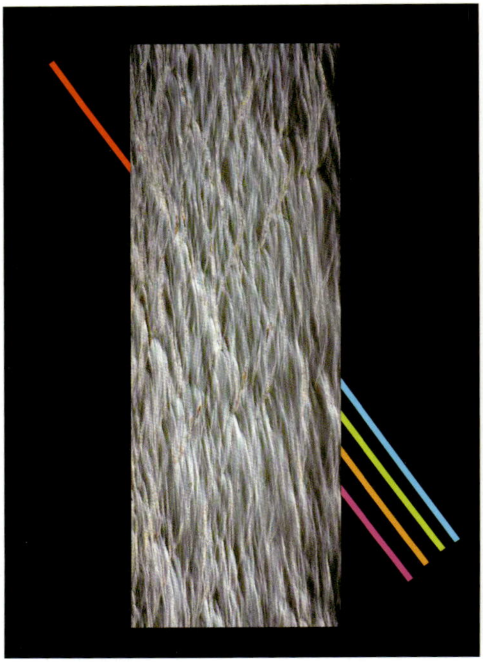

• Welche Linie ist die Verlängerung der roten Linie?

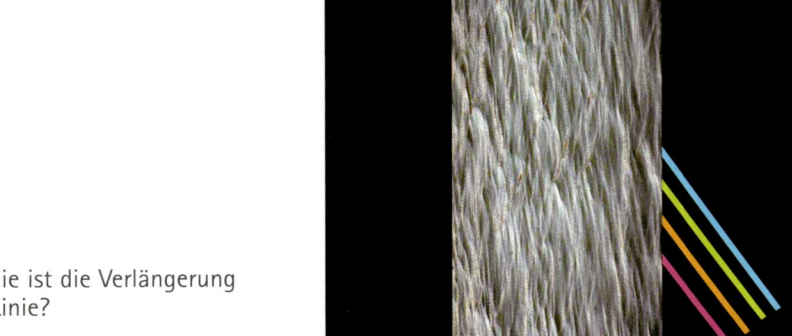

Geraden

47

- Sind die farbigen Linien Geraden?

48

- Welche Linien steigen an?

Geraden

- Treffen die kleinen Bögen in ihren Spitzen zusammen?

Kurven

Kurven nimmt das menschliche Auge je nach ihrer Länge, ihrer Krümmung und ihrer Umgebung unterschiedlich wahr.

Jastrow-Illusion

Kurven

50

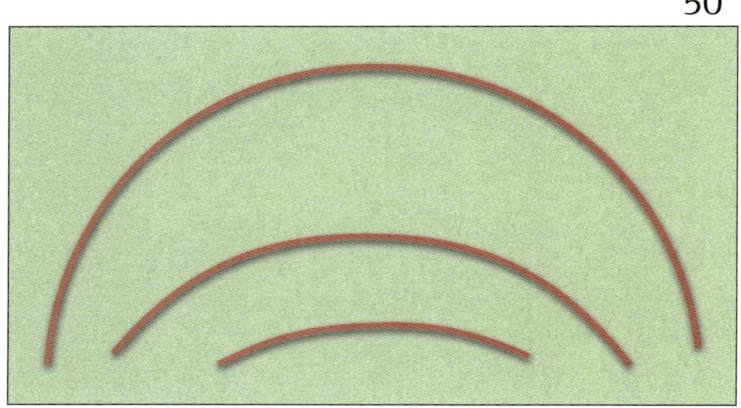

- Haben die Kreisbögen die gleiche Krümmung?

51

Wer den Halbkreis hinten im Buch ausschneidet, findet es zweifelsfrei heraus.

- Ist der obere Halbkreis größer als der untere Halbkreis?

Kurven

52

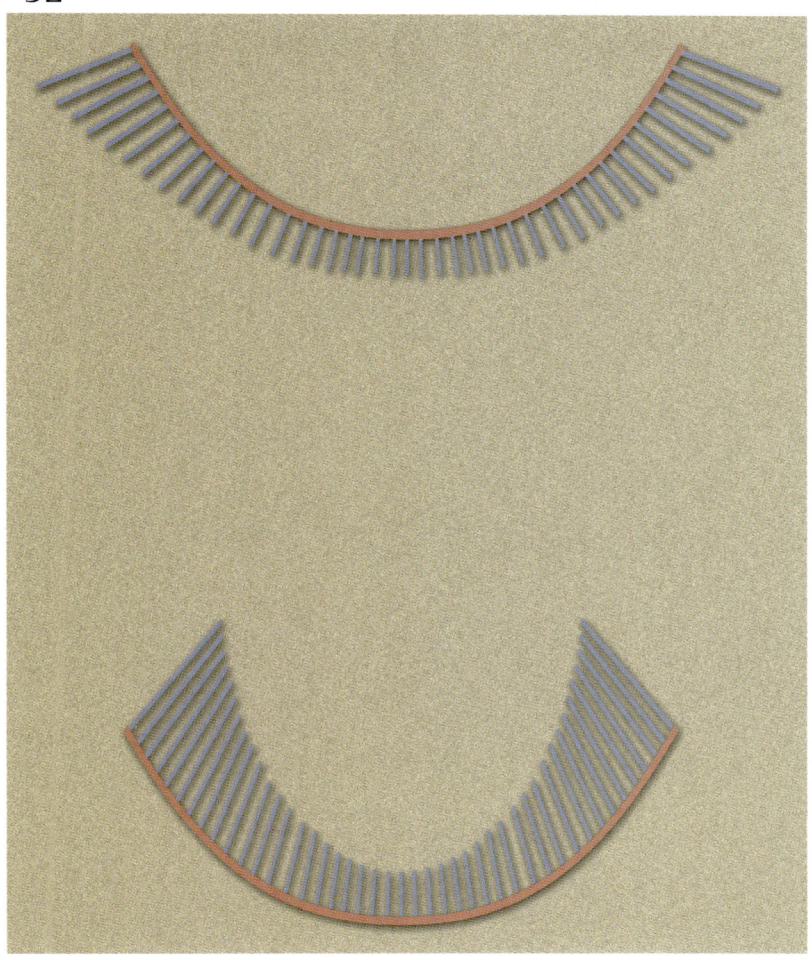

• Ist die obere rote Krümmung breiter als die untere rote Krümmung?

Kurven

53

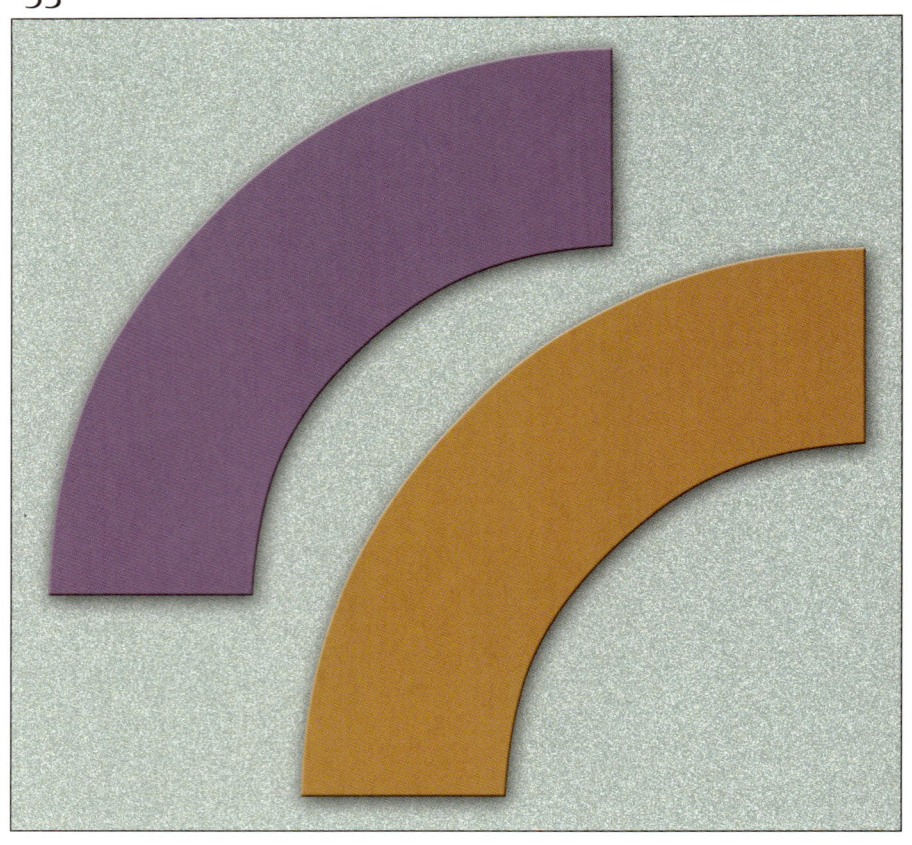

• Ist der rote Kreisbogen größer als der violette?

Kurven

54

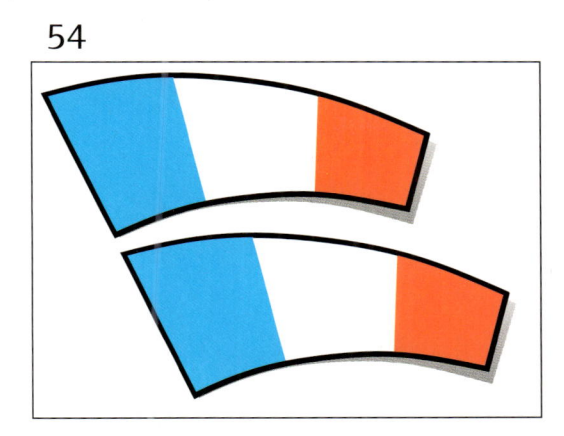

- Sind diese Flächen gleich groß?

37

Kurven

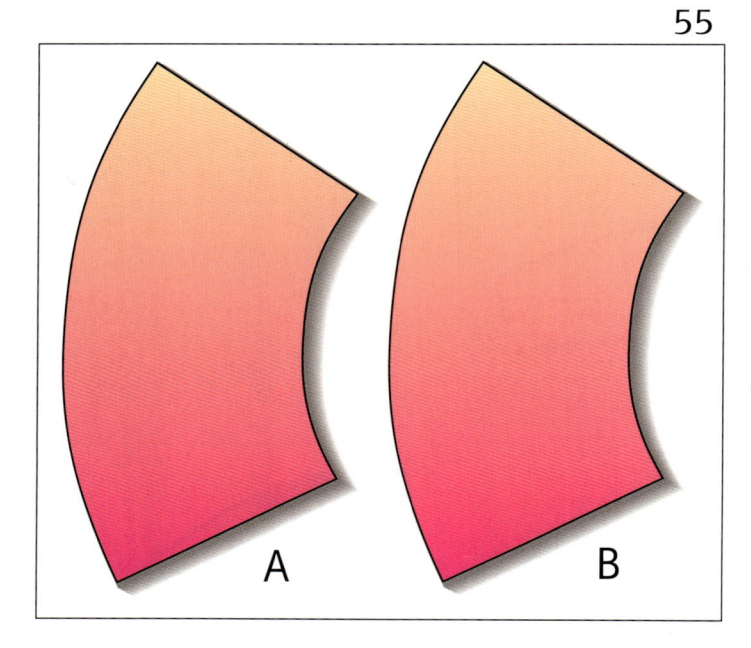

55

- Eine Veränderung der Krümmung lässt den Unterschied zwischen A und B noch größer erscheinen.

Ausschneiden — *Mit den Halbmonden zum Ausschneiden hinten im Buch lässt sich leicht herausfinden, ob sich A und B unterscheiden.*

- Verschiebt man die Formen, sieht die jeweils rechte größer aus als die linke.

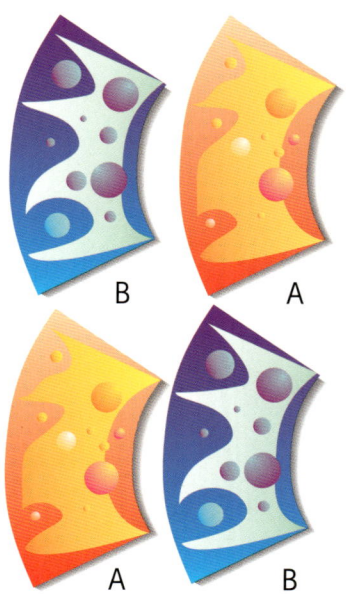

38

Verzerrungen

Formen, ihre Anordnung sowie Licht- oder Farbkontraste können die Wahrnehmung gerader Linien verwirren.

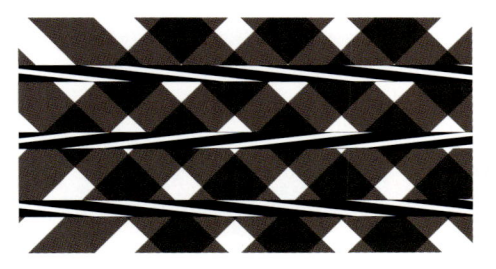

Frasersche Täuschung

Verzerrungen

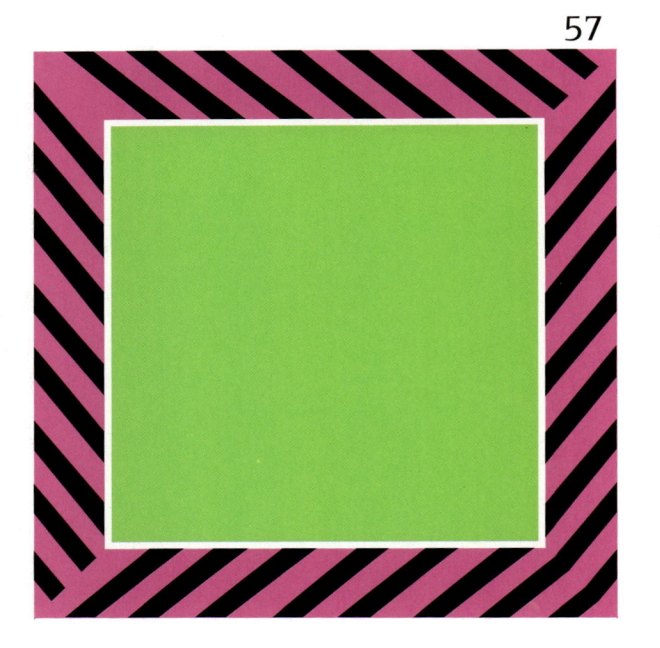

56

57

• Sind diese Rahmen rechtwinklig?

Verzerrungen

58

- Sind die Rechtecke und die Buchstaben rechtwinklig?

59

Verzerrungen

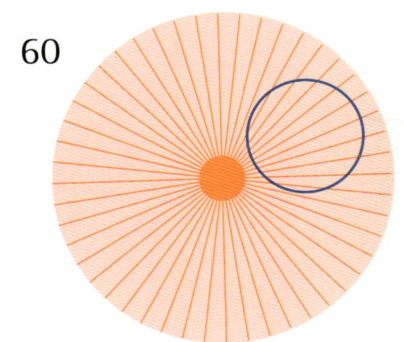

60

- Sind die Kreise und das Quadrat verzerrt?

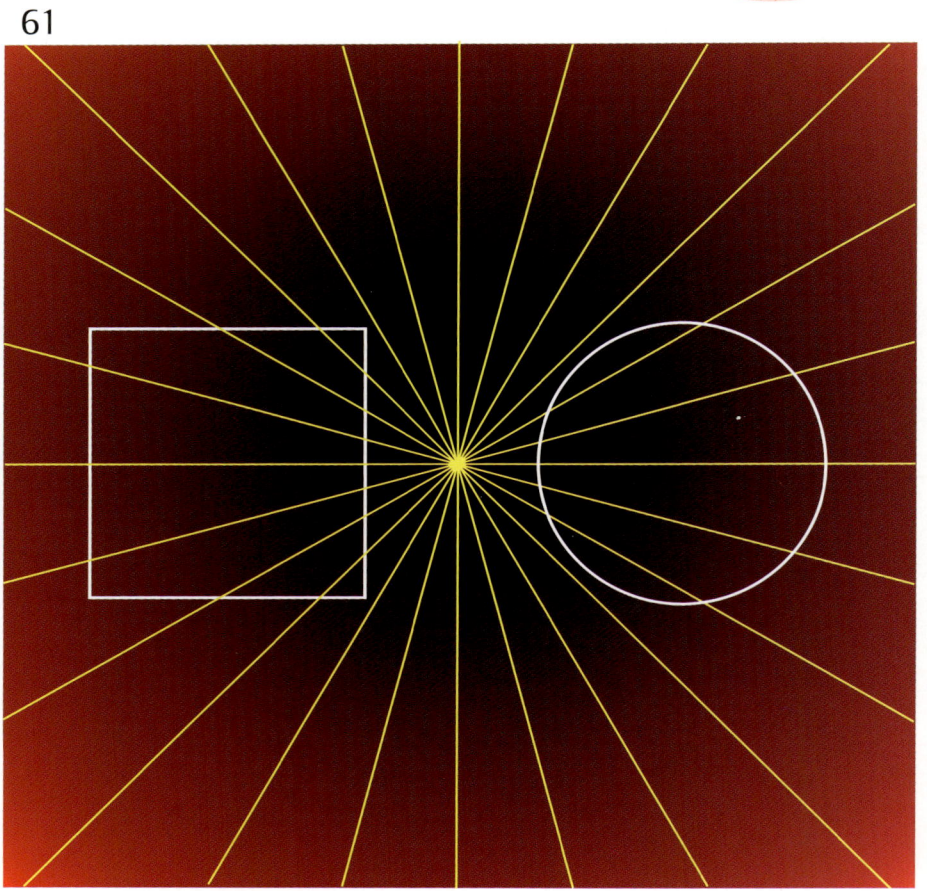

61

Verzerrungen

62

- Ist das gelbe Quadrat verzerrt?

63

- Sind diese Quadrate verzerrt?

Verzerrungen

64

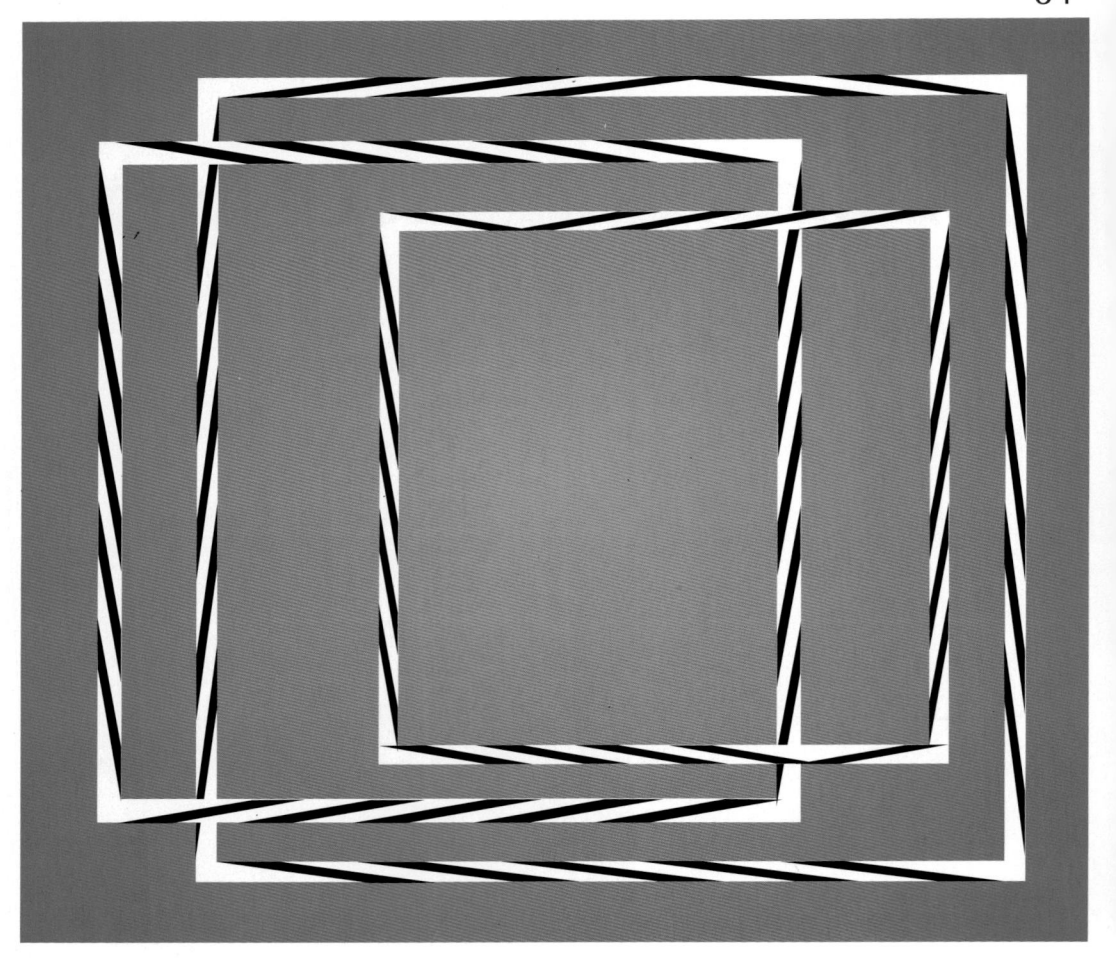

- Sind diese Quadrate verzerrt?

# Verzerrungen

65

- Sind diese Kreise gleichmäßig um einen gemeinsamen Mittelpunkt angeordnet?

Verzerrungen

• Sind diese Quadrate gleichwinklig?

Verzerrungen

67

• Sind diese konzentrischen Kreise verschoben?

Verzerrungen

68

- Überlappen sich diese konzentrischen Kreise?

Wellen

Die Ausrichtung eines farbigen Musters oder das Zusammenlaufen von Linien verwirren die Wahrnehmung von geraden Linien und von geometrischen Figuren.

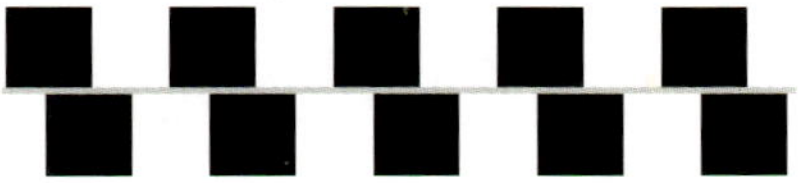

Caféwall-Illusion

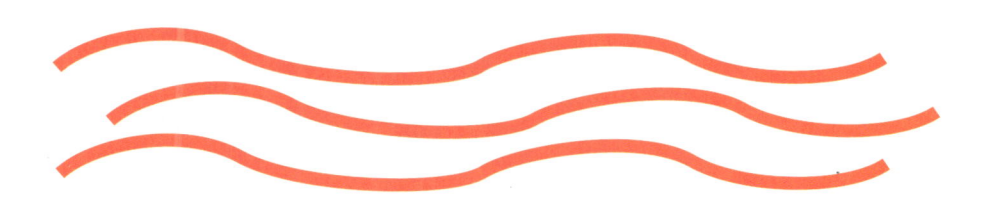

Wellen

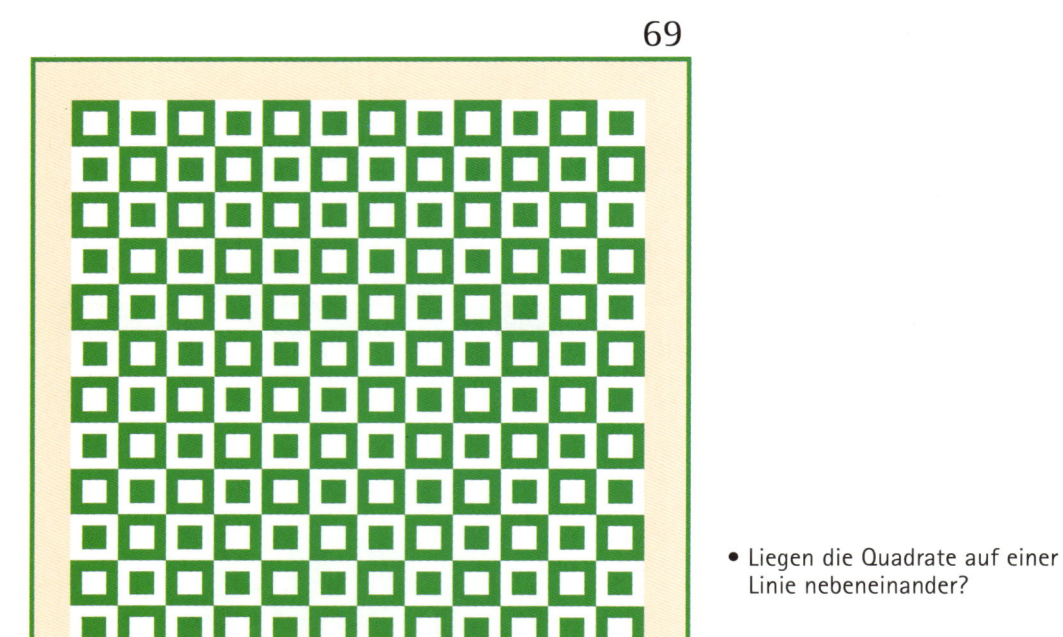

69

- Liegen die Quadrate auf einer Linie nebeneinander?

70

- Sind die orangefarbenen Linien gerade?

Wellen

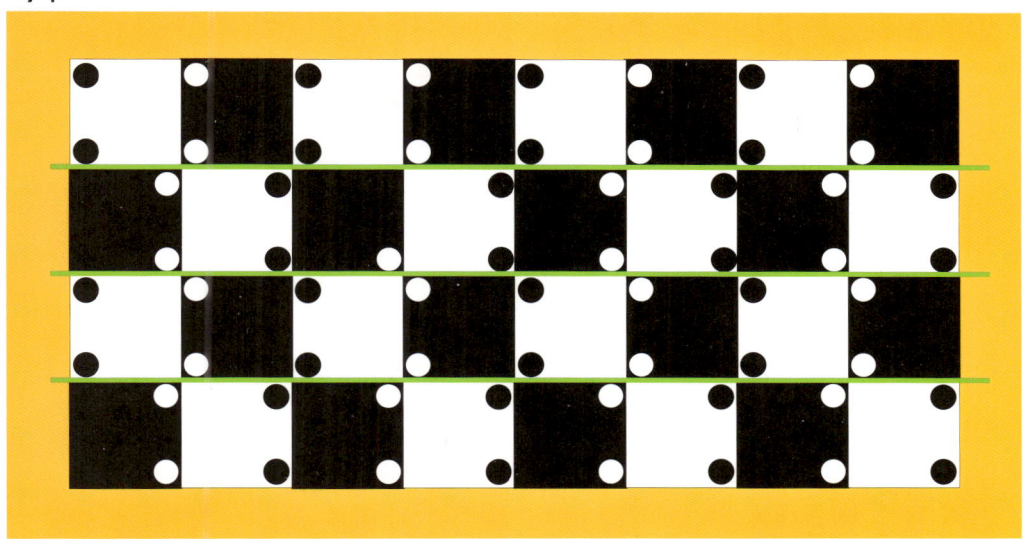

71

• Verlaufen die waagerechten farbigen Linien parallel?

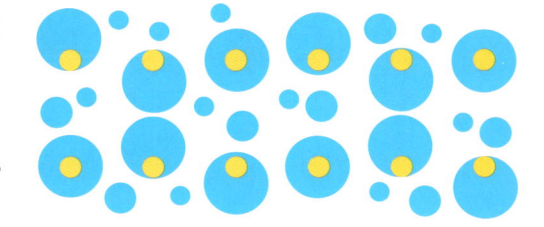

72

73

• Liegen die gelben Punkte auf einer Linie?

Wellen

74

- Sind die Linien in diesem Karomuster gerade?

Wellen

75

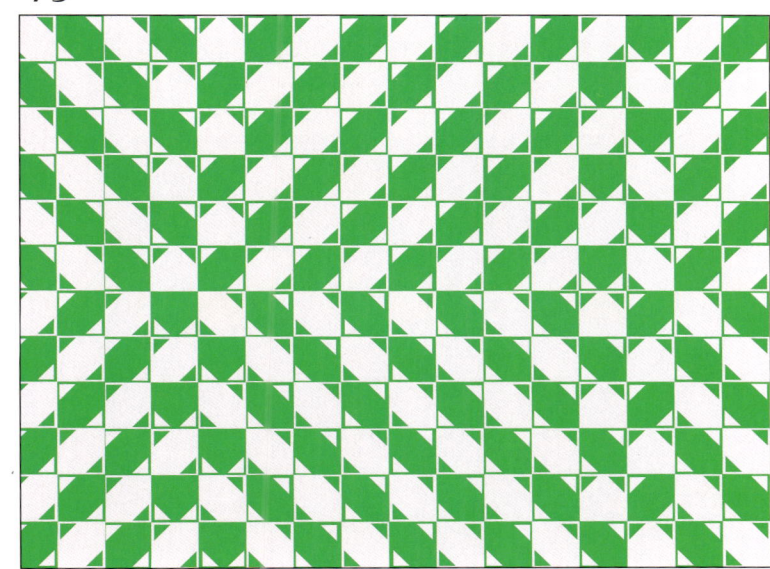

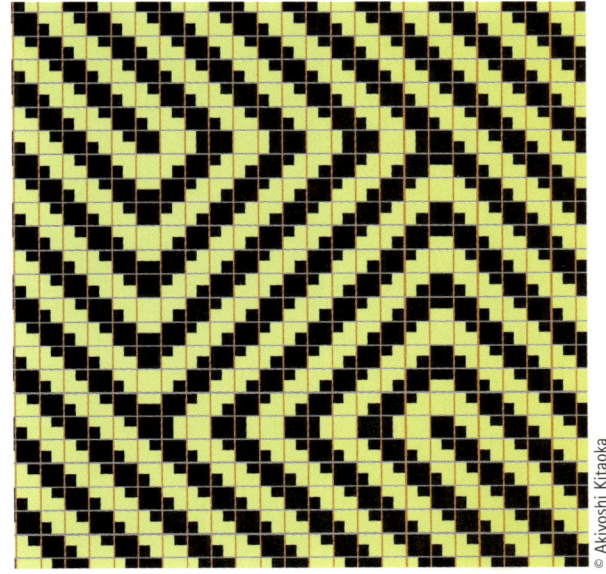

- Bei dieser Illusion von Akiyoshi Kitaoka scheinen die Linien gekrümmt zu sein. Es kommt sogar noch ein weiterer Effekt hinzu: In der Mitte des Bildes erscheint ein Quadrat, das sich bewegt, sobald man die Augen über das Muster wandern lässt. Sind die Linien gerade?

„Joro-gumo"
(eine Art Spinne)

76

Wellen

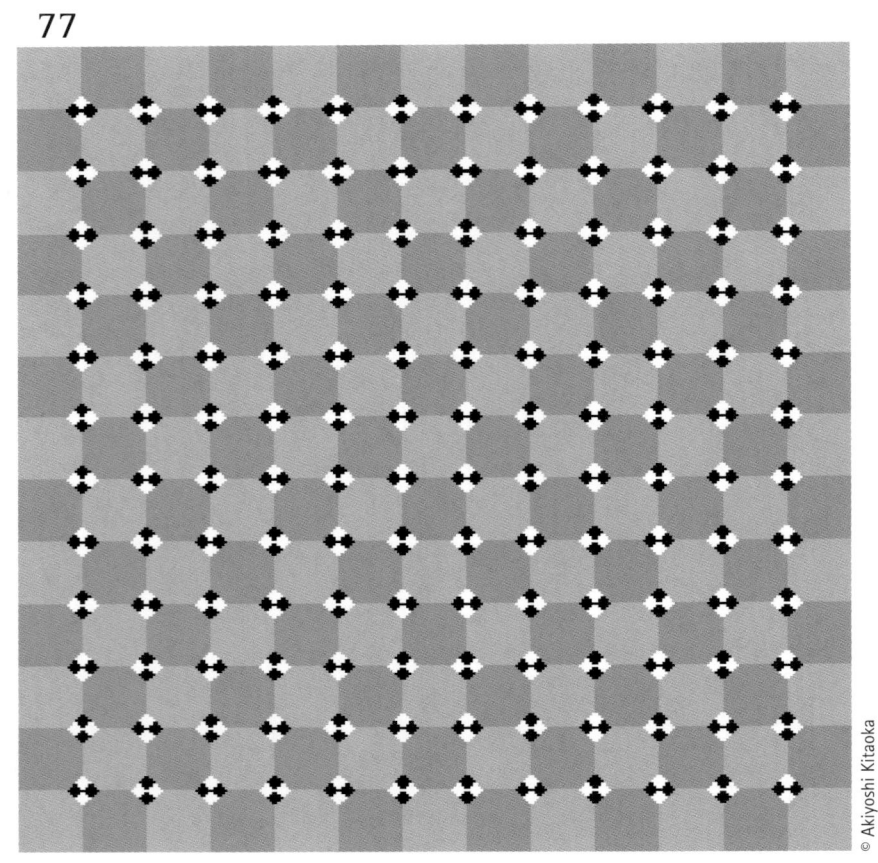

77

"Menschen mit Sonnenbrille"

© Akiyoshi Kitaoka

- Auf diesem Bild von Akiyoshi Kitaoka scheinen vier Quadrate zu tanzen. Die lilafarbenen Quadrate wirken schräg. Sind sie es auch?

Wellen

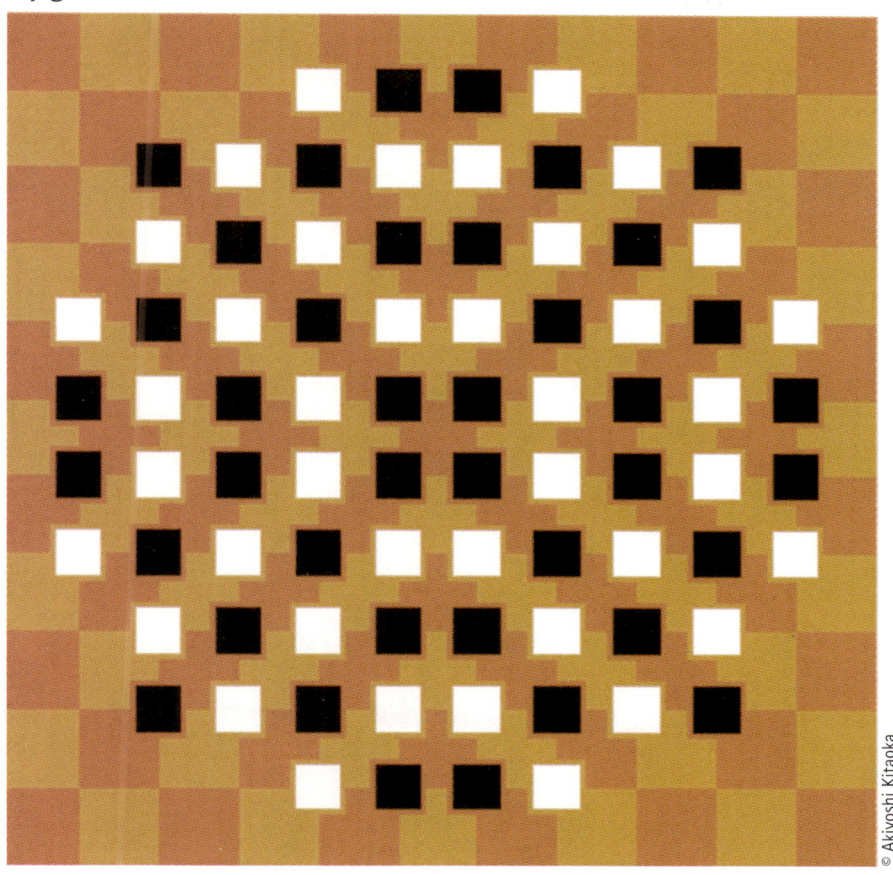

78

"Omikuji"

- Auf diesem Bild von Akiyoshi Kitaoka bilden die schwarzen und weißen Quadrate eine Kugel. Sind die Quadrate trotzdem rechtwinklig?

Wellen

79

„Eine Beule"

© Akiyoshi Kitaoka

- Dieses Schachbrettmuster scheint in der Mitte eine Kugel zu bilden. Wölbt es sich?

Licht und Schatten

„Jedes Licht ist ein Schatten, verglichen mit einem noch helleren Licht,
und jeder Schatten ist ein Licht, verglichen mit einem noch dunkleren Schatten."
John Ruskin, 1879

Adelson-3d-Illusion

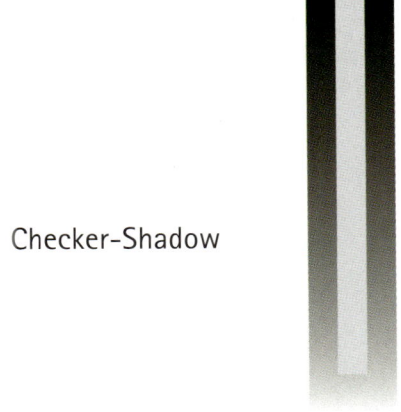

Checker-Shadow

Licht und Schatten

80

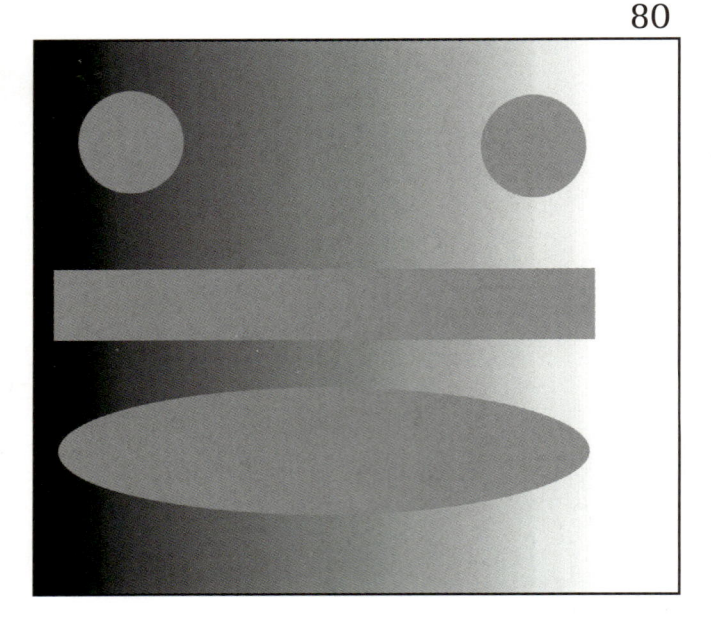

- Ist der Kreis auf dem hellen Grund dunkler als der Kreis auf dem dunklen Grund?

- Haben das Rechteck und die Ellipse abgestufte Grautöne?

81

Ausschneiden

Mit dem Ausschneidebild hinten im Buch lässt es sich leicht überprüfen.

- Ist das Grau in der Form auf der rechten Seite dunkler als auf der linken?

nach H. Adelson

Licht und Schatten

82

- Ein senkrechter Streifen scheint vor und ein anderer hinter den schwarzen Balken zu verlaufen. Haben die beiden senkrechten Streifen den gleichen Grauton?

Ausschneiden

Das Ausschneidebild hinten im Buch liefert den Beweis.

83

- Haben alle Kreise die gleiche Grauschattierung?

84

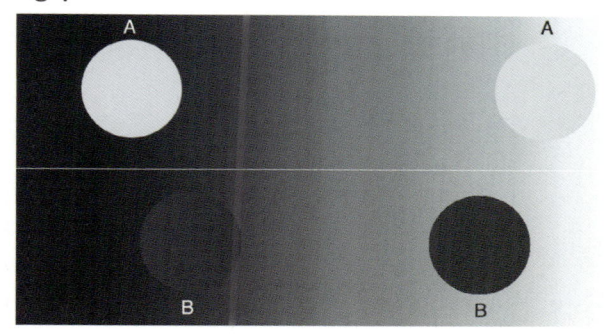

- Die Kreise A haben die gleiche Grauschattierung. Dennoch sieht der rechte Kreis dunkler aus. Bei den schwarzen Kreisen ist die Wirkung umgekehrt.

85

- Die Wirkung ist bei Farben die Gleiche. Die Farben der grünen Streifen sind identisch. Schaut man eine Weile auf das Bild, erscheinen dunklere Rechtecke auf den helleren Streifen. Unterscheiden sich die Streifen farblich?

Licht und Schatten

86

- Ist der rechte Würfel heller als der linke?

87

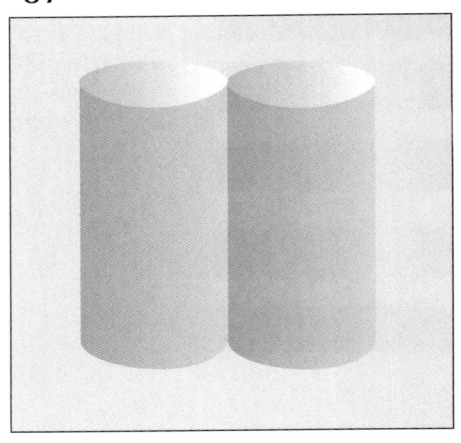

- Ist der rechte Zylinder dunkler als der linke?

88

89

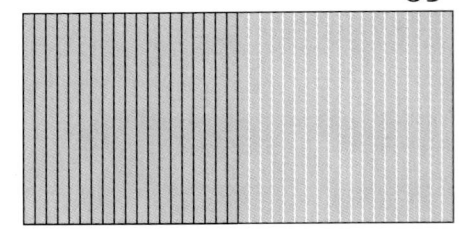

- Ist das Grau des Hintergrunds in allen Fällen gleich?

Licht und Schatten

90

Die Effekte dieser drei Bilder wirken stärker, je starrer man sie fixiert.

- Manche Streifen erscheinen je nach Ausrichtung der Schraffierung dunkler als andere. Ist das so?

91

- Die waagerechten Linien scheinen schmaler zu sein als die senkrechten. Je nach deren Ausrichtung wirken die Kreise auf den dunklen Quadraten heller und umgekehrt. Sind sie verschieden?

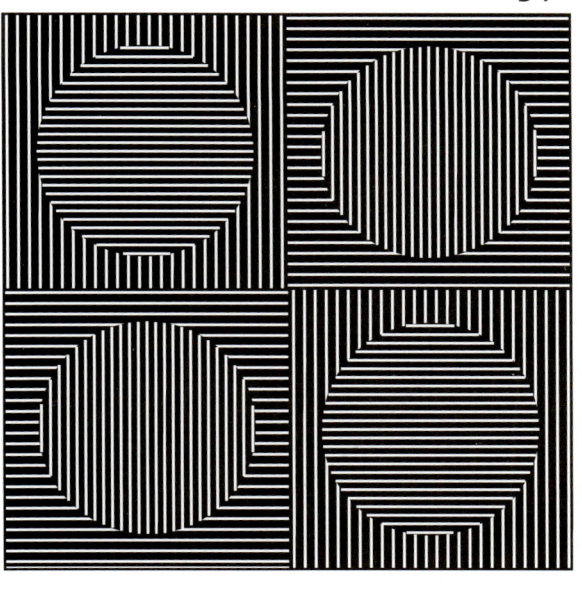

92

- Den gleichen Effekt zeigt dieses Karomuster, auf dem einige Quadrate heller zu sein scheinen. Sind sie es?

Licht und Schatten

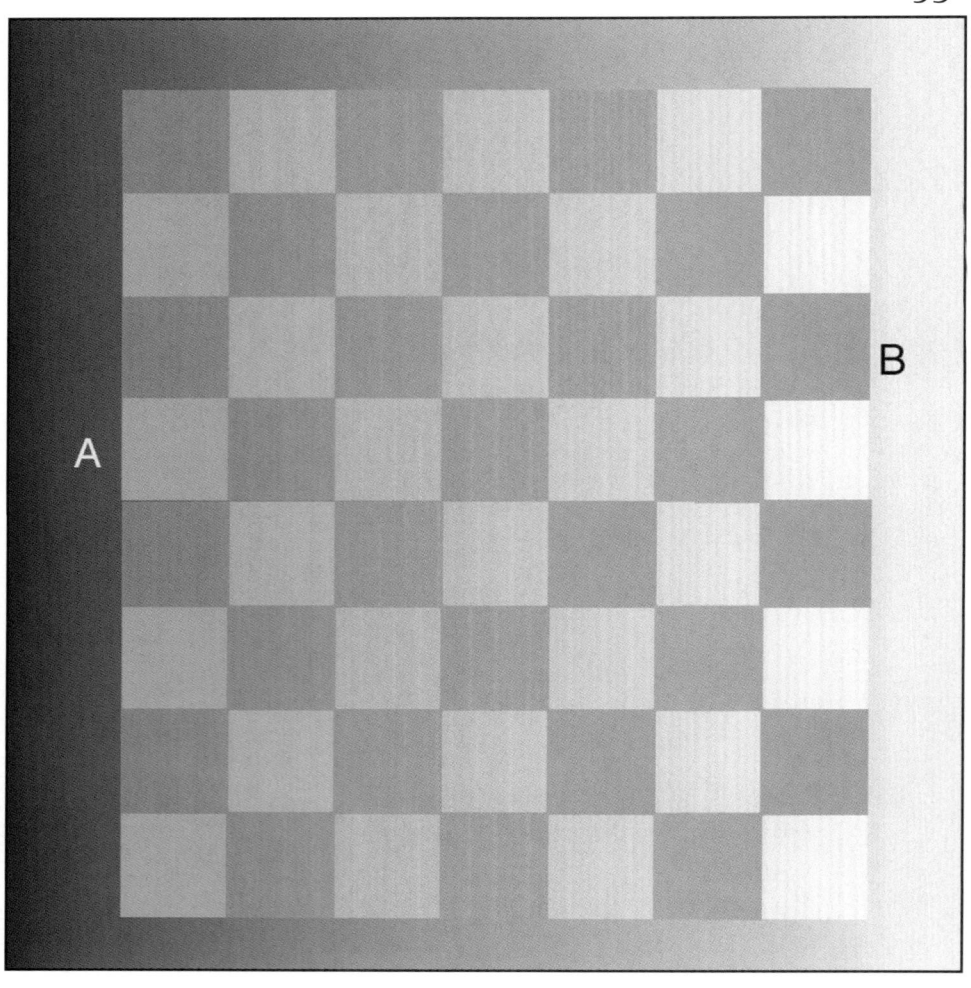

- Hat das helle Feld A die gleiche Graustufe wie das dunkle Feld B?

Licht und Schatten

94

„Checker Shadow"

- Hat das Quadrat A die gleiche Graustufe wie das Quadrat B?

Licht und Schatten

95

- Die Farbabstufung ist regelmäßig, aber dennoch wirken die Diagonalen heller. Sind sie es denn?

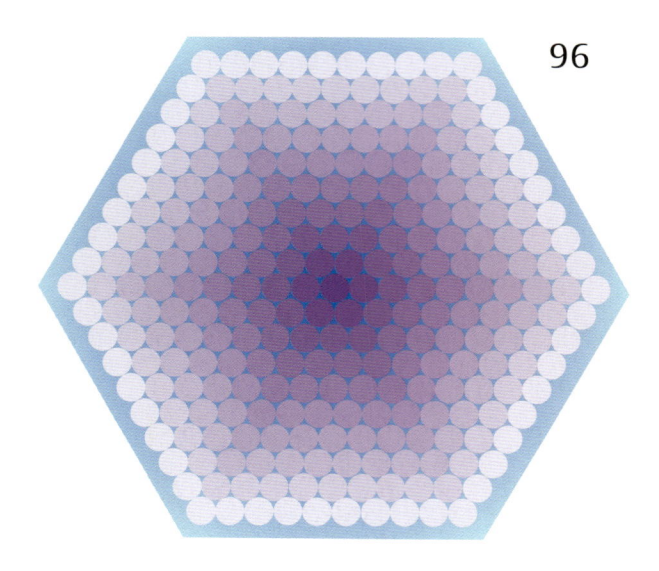

96

- Jede Punktreihe hat die gleiche Farbabstufung. Dennoch scheinen die Diagonalen dunkler zu sein. Wie lässt sich dies prüfen?

Licht und Schatten

97

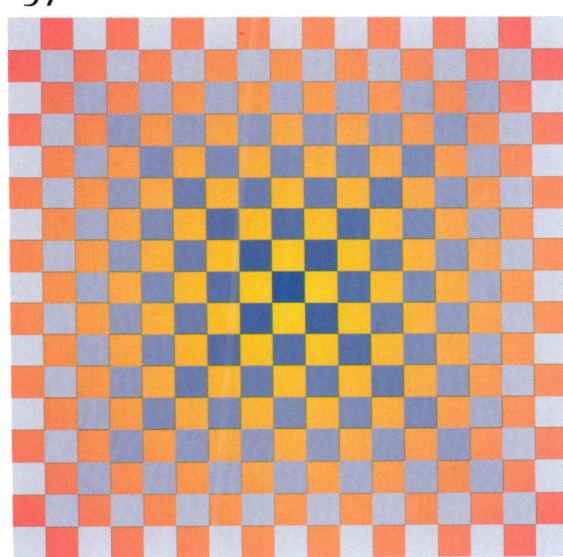

- Die Farbabstufung der Felder verläuft umgekehrt zur Abstufung des Hintergrunds. Das erzeugt den Eindruck einer Kugel in der Mitte. Woran liegt das?

98

- Die Felder A haben bis zur Bildmitte jeweils alle das gleiche Blau, die Felder B ebenso. Dieses Prinzip setzt sich bis zur Mitte fort. Sind die Diagonalen dunkler?

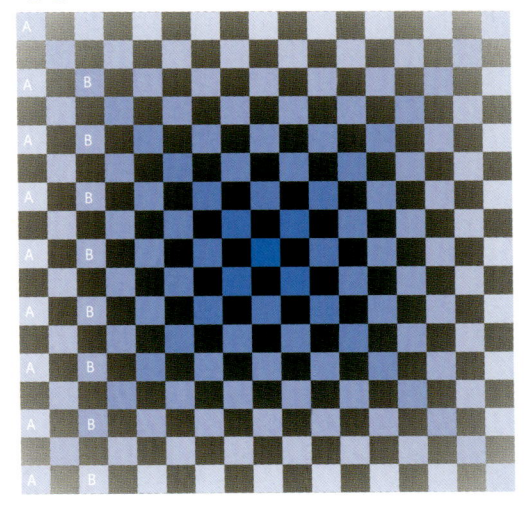

Licht und Schatten

99

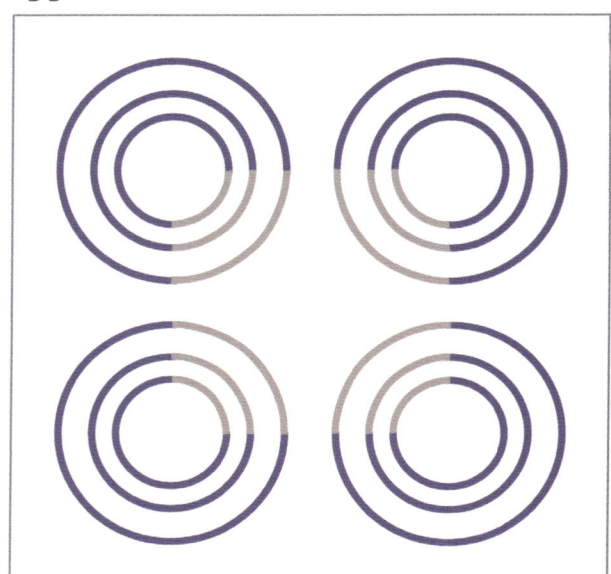

- Über den vier Kreisen scheint ein Quadrat zu liegen. Warum?

100

- In der Mitte des Bildes ist ein Quadrat zu sehen. Das Gelb in der Mitte scheint heller zu sein als auf dem übrigen Hintergrund. Warum?

Licht und Schatten

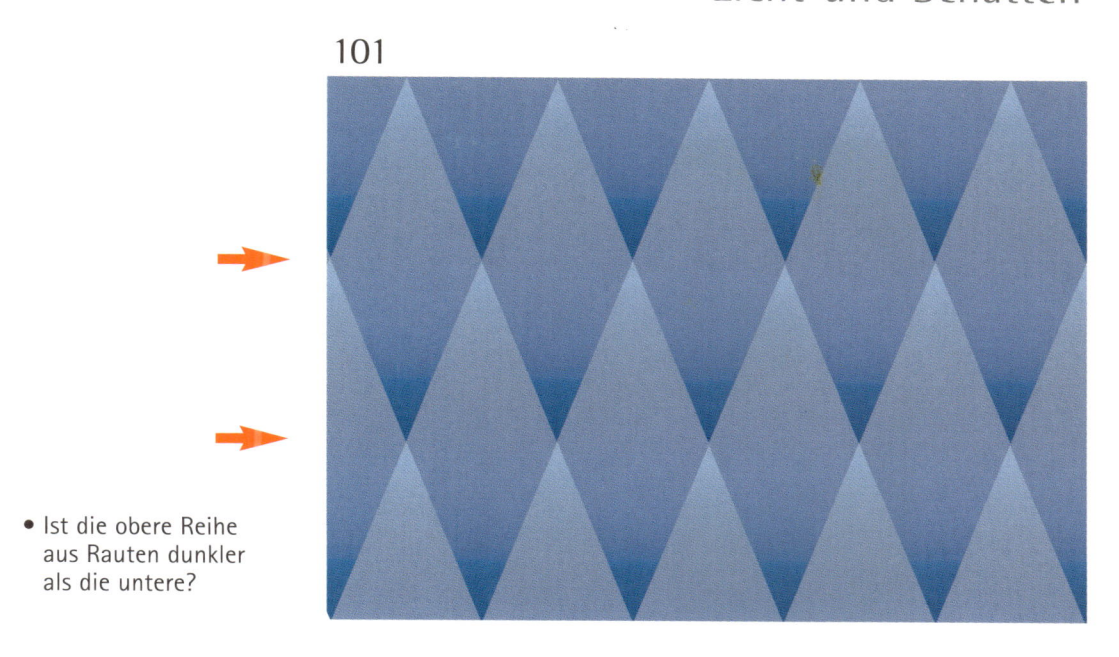

101

- Ist die obere Reihe aus Rauten dunkler als die untere?

102

- Sind die unteren Rechtecke dunkler als die oberen?

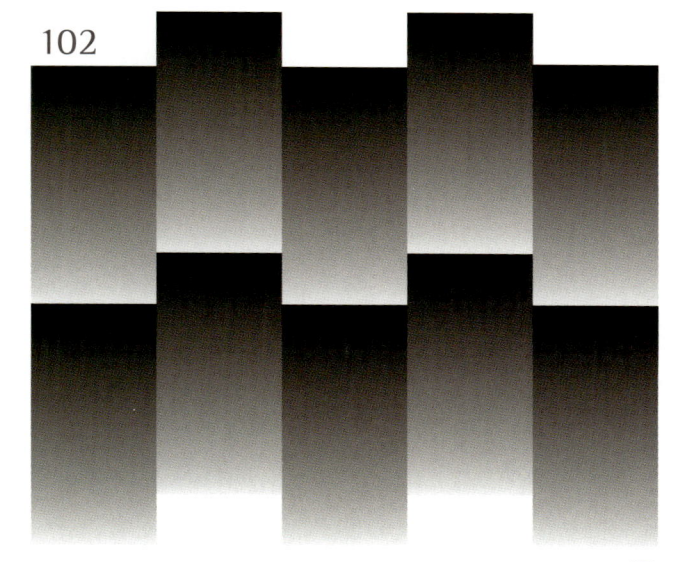

Licht und Schatten

103

• Haben die vier Halbkreise alle die gleiche Graustufe?

Die Wirkung der Perspektive

Unsere Wahrnehmung einer dreidimensionalen Darstellung auf einer ebenen Oberfläche bestimmt unsere Sicht. Ein Gegenstand in der Ferne erscheint kleiner als ein Gegenstand in der Nähe. Wenn eine Perspektive nur vorgetäuscht wird, führt das die Wahrnehmung in die Irre. So entstehen seltsame Bilder.

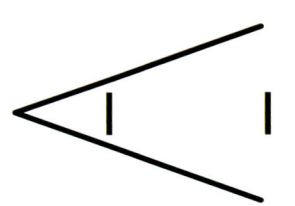

Ponzo-Täuschung

Die Wirkung der Perspektive

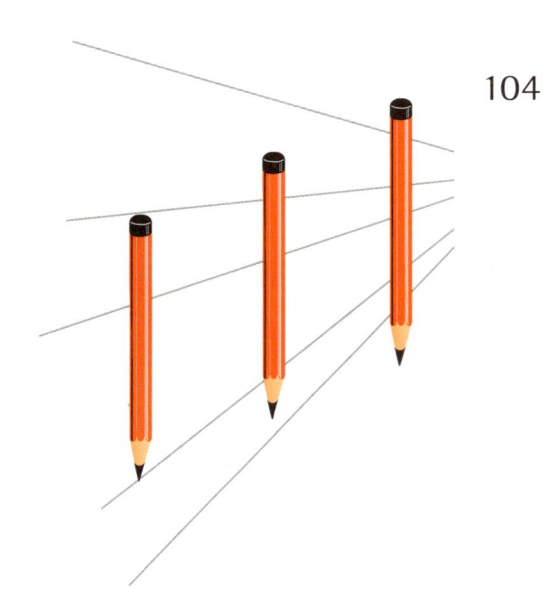

104

105

Das Ausschneidebild hinten im Buch liefert den Beweis.

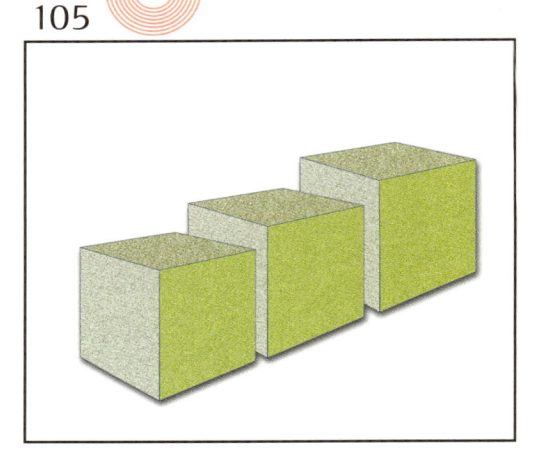

Ausschneiden

• Sind die drei Würfel gleich groß?

• Sind die drei Bleistifte gleich lang?

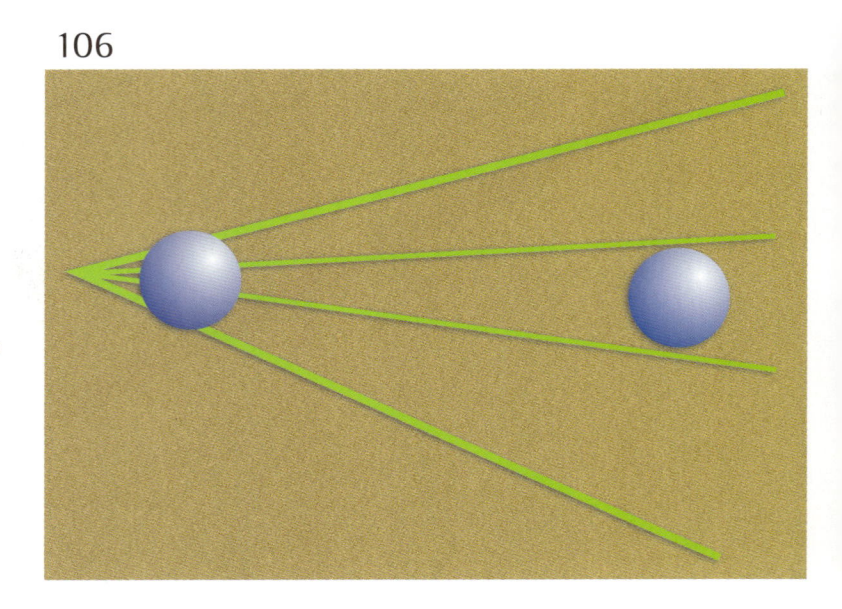

106

• Sind die beiden Kugeln gleich groß?

Die Wirkung der Perspektive

107

108

109

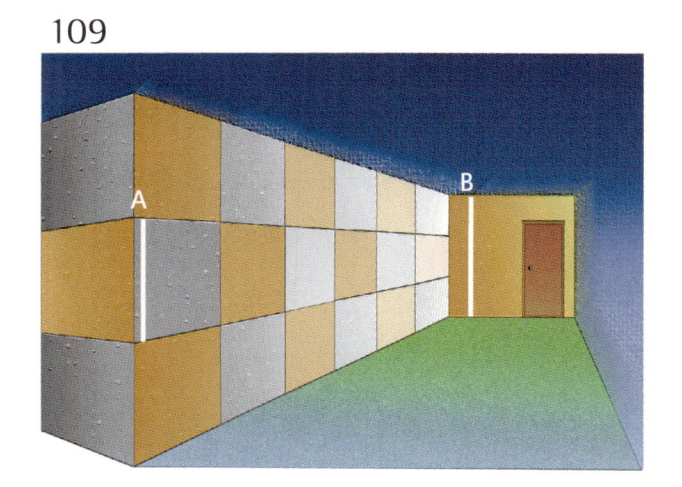

- Auf den Bildern 107 und 109 sind die Linien A und B jeweils gleich lang. Diese Täuschung funktioniert auch, wenn man statt der Linien eine große Figur einbaut. Warum?

Die Wirkung der Perspektive

110

- Sind die beiden orangefarbenen Planeten gleich groß?

72

Die Wirkung der Perspektive

111

- Welche dieser beiden Frauen ist größer?

Die Wirkung der Perspektive

- Wurden diese drei Tische mit dem gleichen Parallelogramm gezeichnet?

Ausschneiden

Mit dem Ausschneidebild hinten im Buch lässt sich die Lösung überprüfen.

112

113

- Sind die Seiten dieser beiden Tische parallel?

Farben

Der Schweizer Professor Johannes Itten (1888–1967) beschäftigte sich in seinen Studien vor allem mit den Farbkontrasten. Viele Farbeffekte werden von Augenärzten eingesetzt, um Sehfehler festzustellen, z. B. eine Farbenblindheit. Je nach Farbe, Farbkombinationen, Farbkontrasten und auch nach deren Abfolge nehmen wir die Größe einer farbigen Fläche unterschiedlich wahr.

Farben

114

115

• Warum scheinen die Kreise auf diesen beiden Bildern ihre Helligkeit zu verändern?

116

• Sind die waagerechten Linien gepunktet?

Farben

117

- Sind die inneren Quadrate alle gleich groß?

118

- Sind die oberen rosafarbenen Dreiecke dunkler als die unteren?

Farben

119

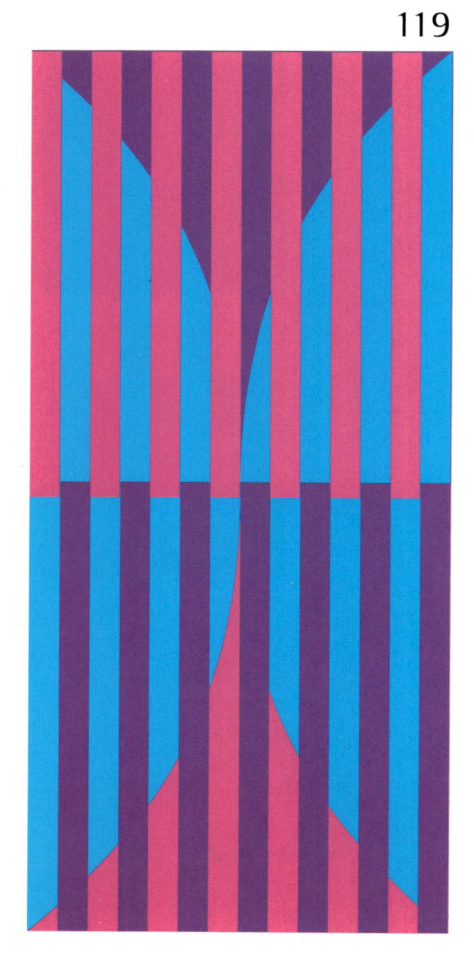

● Sind die blauen Bereiche unterschiedlich?

120

● Haben die senkrechten Streifen das gleiche Blau? Sind die oberen oder die unteren Punkte dunkler?

121

● Verlaufen die grünen Wellen unterschiedlich?

Farben

122

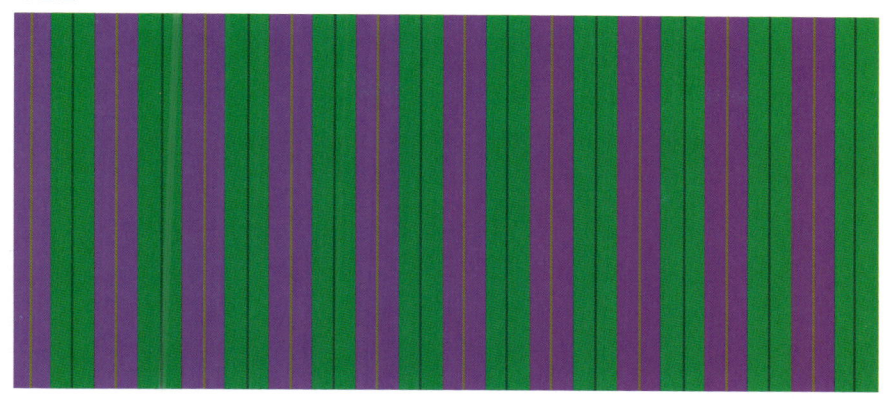

• Sind die dünnen Linien orange oder rot?

123

• Sind die blauen Streifen gleich breit?

Farben

124

• Ist der der rote Hintergrund unter den blauen Streifen dunkler?

Farben

125

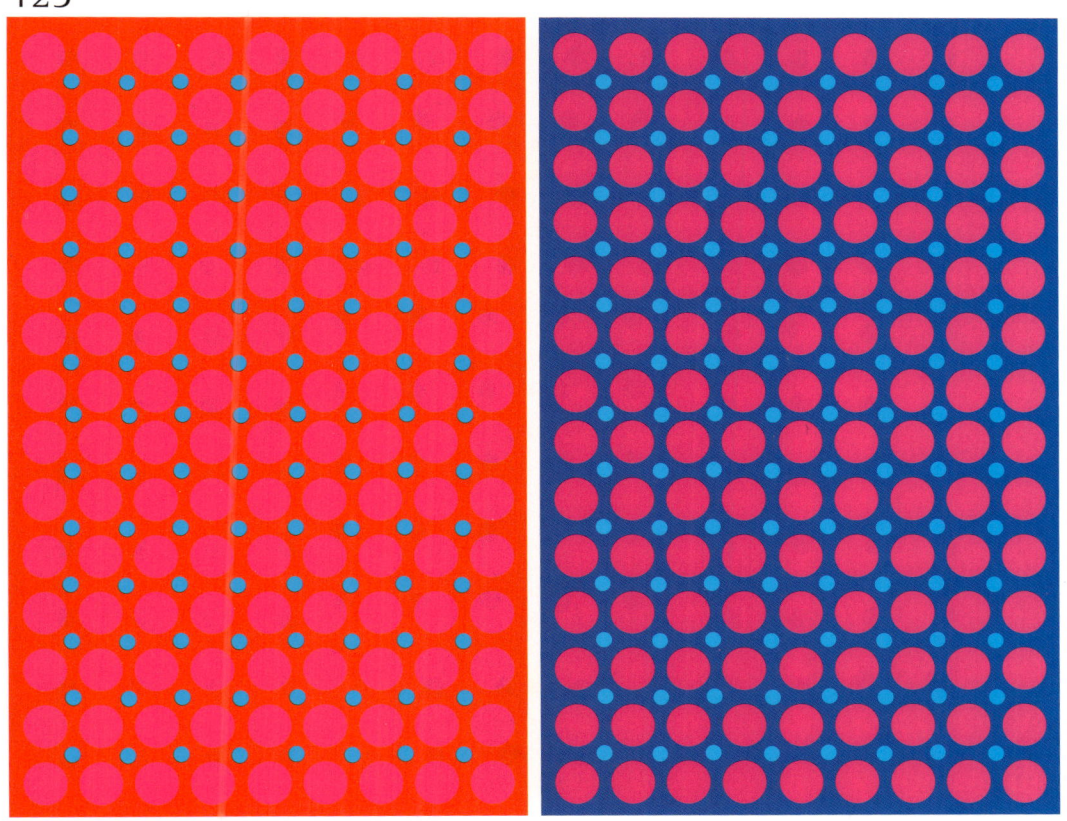

• Warum leuchten die blauen Punkte auf dem linken Bild heller als auf dem rechten?

Farben

126

- Was fällt auf, wenn man den Blick über das Bild wandern lässt?

Farben

127

• Ist das Rot der Spirale überall gleich?

83

Farben

128

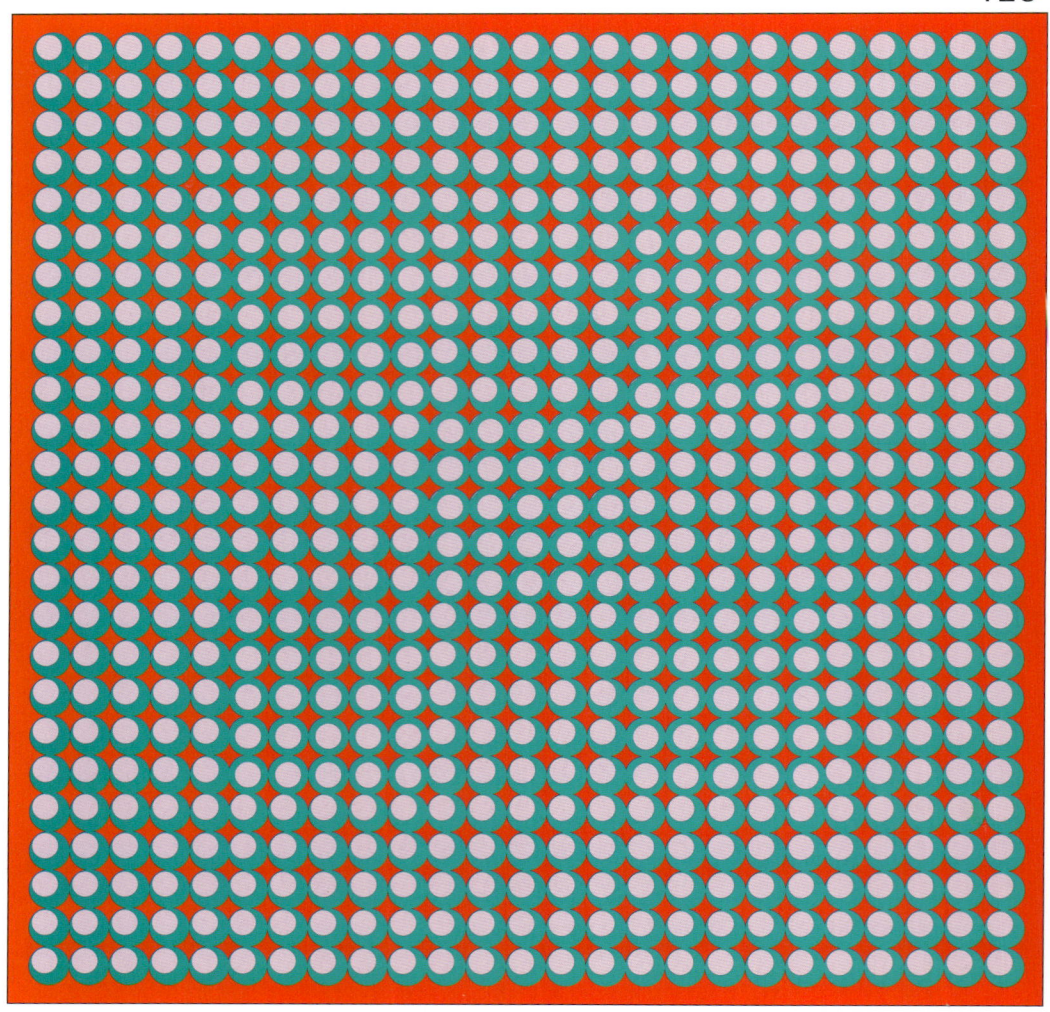

- Was sieht man, wenn man das Bild vom Auge wegbewegt?

Wie wir Bewegung wahrnehmen

Wenn bei Farben die Reihenfolge oder die Ausrichtung der Formen verändert werden, nimmt man Bewegungen wahr.
Der Japaner Akiyoshi Kitaoka hat mit seinen Rotations- und Bewegungstäuschungen zahlreiche schöne Illusionen erzeugt.

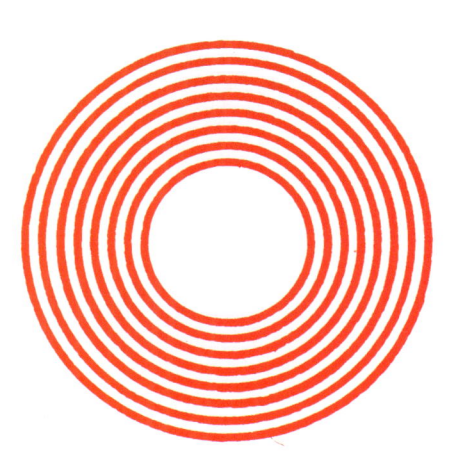

Wie wir Bewegung wahrnehmen

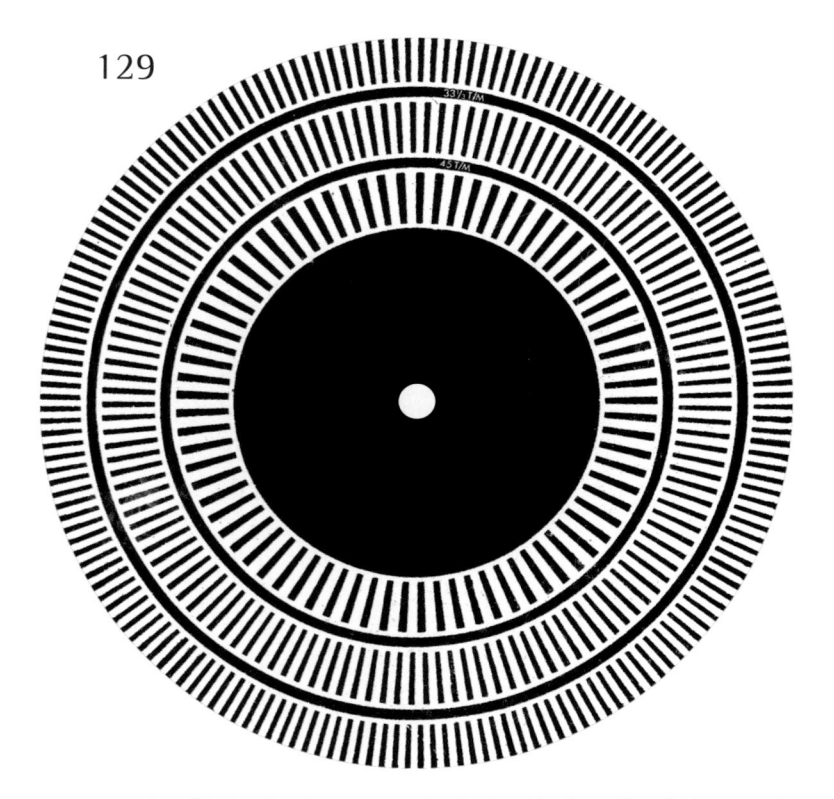

129

- Mit einer so genannten Strobodisk kann man die Drehzahl eines Schallplattenspielers (also 33, 45 oder 78 Umdrehungen) überprüfen. Man legte sie auf einen Plattenteller und schaltete dann eine spezielle Stroboskop-Lampe ein. War die Drehgeschwindigkeit richtig, sahen die schwarzen Striche auf der Disk unbeweglich aus. Bei zu hoher Geschwindigkeit drehten sich die Striche in der Rotationsrichtung des Plattentellers, bei zu niedriger Geschwindigkeit in der entgegengesetzten Richtung.
So konnte man die Geschwindigkeit des Plattenspielers genau einstellen.

- Mit einer Fotokopie der Strobodisk oder dem Ausschneidebild kann man dies ausprobieren. Man steckt sie auf einen Bleistift und befestigt ihn als Aufsatz auf einem elektrischen Schraubenzieher oder auf einer Bohrmaschine. Je nach Geschwindigkeit bewegen sich die Striche oder bleiben unbeweglich. Beaufsichtigen Sie bei diesem Experiment stets Ihre Kinder und führen Sie es in künstlichem Licht durch.

Wie wir Bewegung wahrnehmen

130

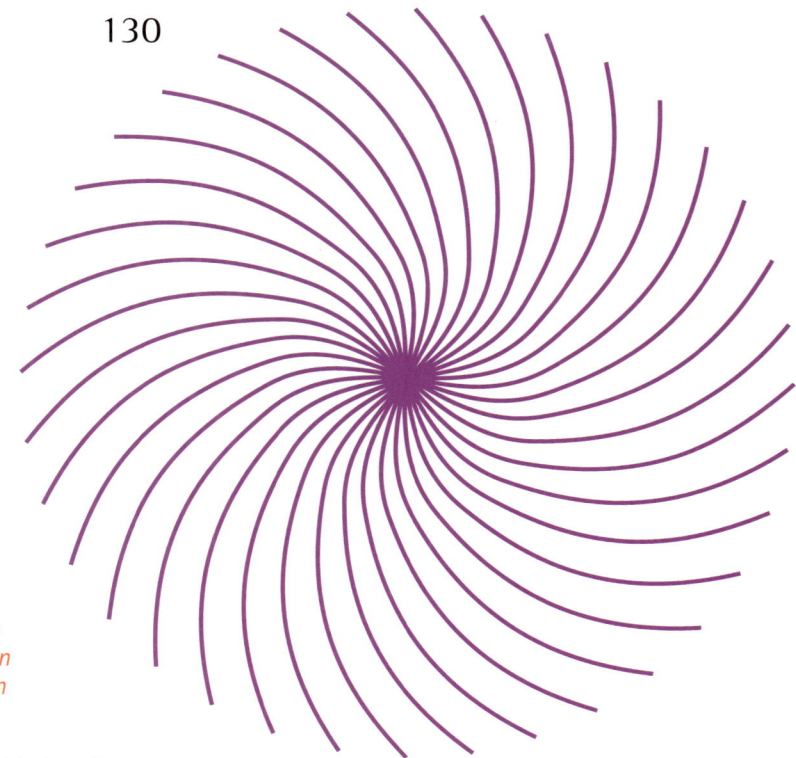

Mit dem durchsichtigen Blatt aus Rhodoid hinten aus dem Buch kann man Bewegung erzeugen.

- Wenn man das Rhodoid über diese Zeichnung bewegt, scheint sie sich zu drehen oder zu schillern.

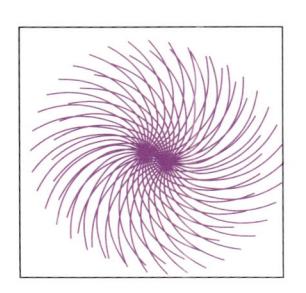

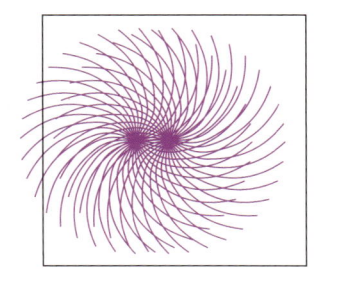

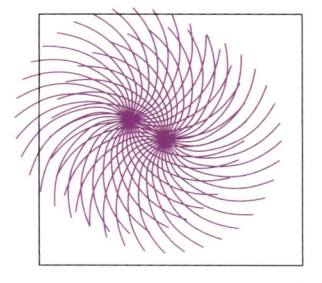

Wie wir Bewegung wahrnehmen

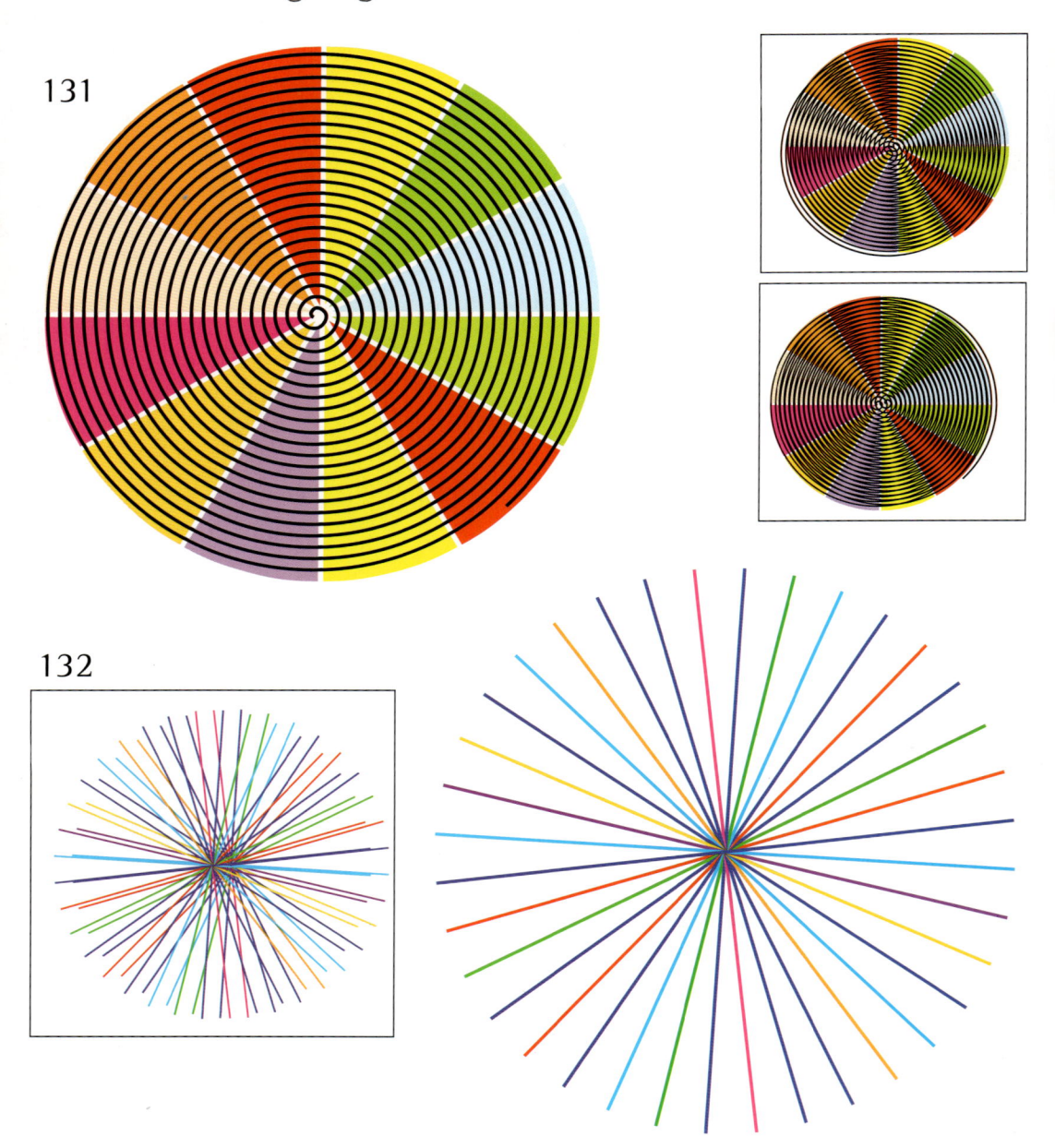

131

132

88

Wie wir Bewegung wahrnehmen

133

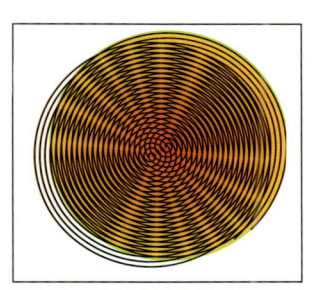

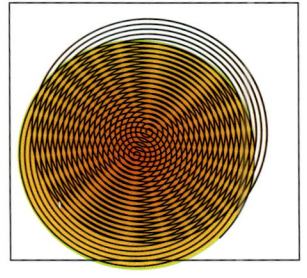

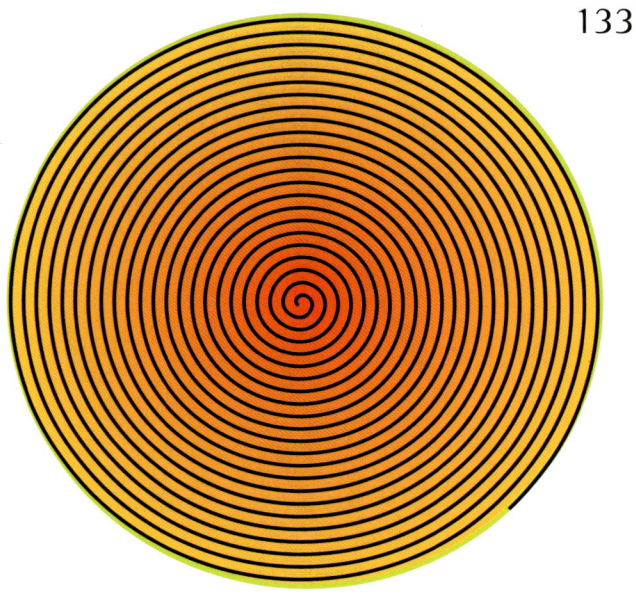

Ausschneiden

Mit den durchsichtigen Folien hinten aus dem Buch kann man Bewegungseffekte testen.

- Wenn man die Folien über diese Zeichnungen bewegt, scheinen sie sich zu drehen oder zu schillern.

89

Wie wir Bewegung wahrnehmen

134

Ausschneiden *Mit der schwarz gestreiften Folie hinten aus dem Buch kann man Bewegung erzeugen.*

- Wenn man die Streifen waagerecht über die schrägen bunten Linien schiebt, sieht man bunte Punkte auf- und absteigen.

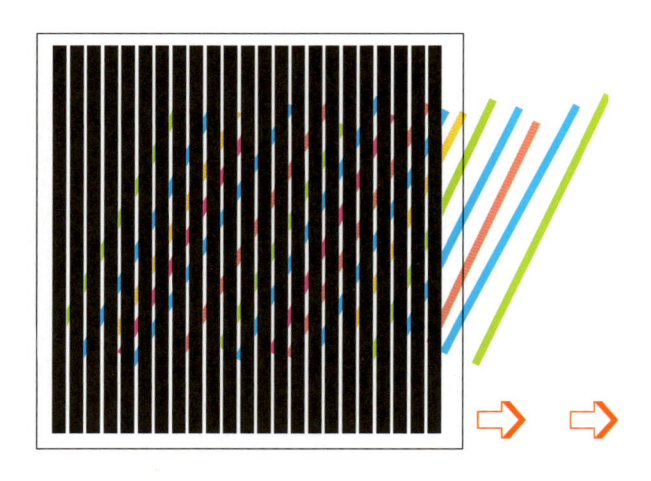

Wie wir Bewegung wahrnehmen

135

Verwenden Sie die schwarz gestreifte Folie hinten aus dem Buch.

- Schieben Sie die Folie von oben nach unten über die bunten Formen. Die Formen werden verschwinden.

91

Wie wir Bewegung wahrnehmen

- *Wie kann die Sonne dem Mond begegnen? Wie kann der Schmetterling Nektar von der Blüte sammeln? Wie können sich die Liebenden küssen?*

136

ERSTE METHODE

- Wenn man sich jeweils auf die Mitte zwischen den Zeichnungen konzentriert und sich ihr langsam nähert, bewegen sich die beiden Objekte aufeinander zu.

ZWEITE METHODE

- Halten Sie ein Stück Karton (z.B. eine Visitenkarte) senkrecht zwischen die beiden Zeichnungen.

- Berühren Sie die Kante des Kartons mit der Nase und fixieren Sie beide Zeichnungen mit den Augen. Sie bewegen sich aufeinander zu.

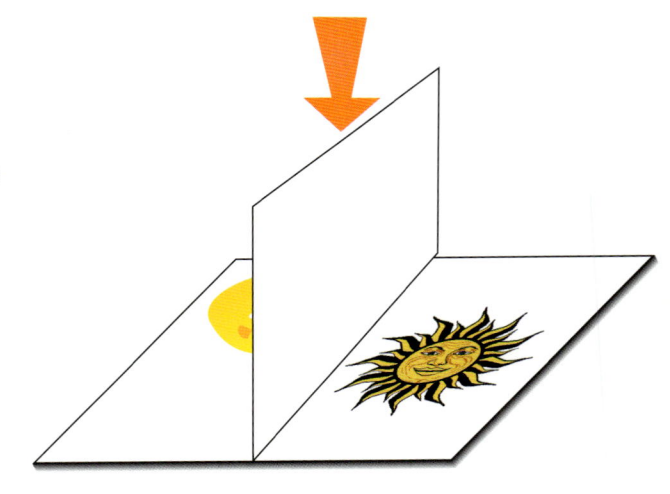

Wie wir Bewegung wahrnehmen

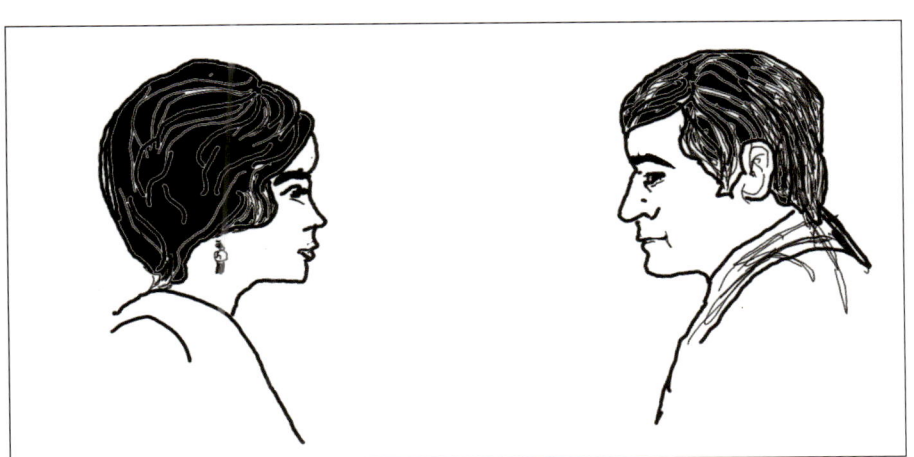

137

138

Wie wir Bewegung wahrnehmen

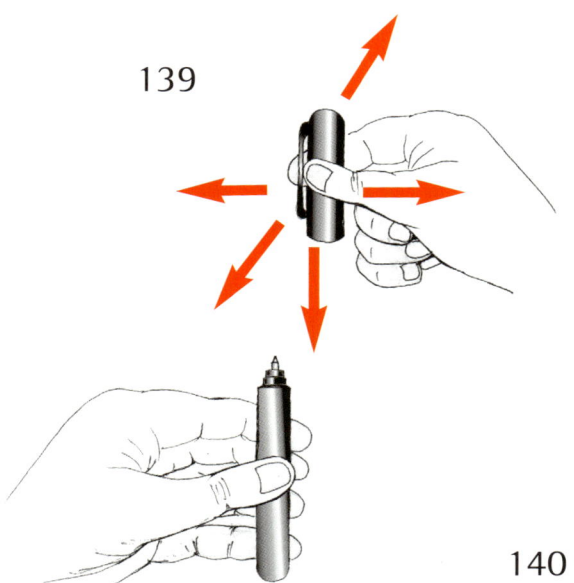

139

- Stellen Sie sich 2 m entfernt vor einen Zuschauer.
- Bitten Sie ihn, ein Auge zu schließen.
- Halten Sie die Kappe eines Füllfederhalters etwa 30 cm über den Stift, aber nicht direkt senkrecht darüber.
- Bitten Sie den Zuschauer, die Bewegung Ihrer Hände zu dirigieren: aufwärts, abwärts, nach rechts oder nach links, nach vorn oder nach hinten.
- Die Kappe soll auf den Füllfederhalter gesteckt werden.

Das ist praktisch unmöglich! Warum?

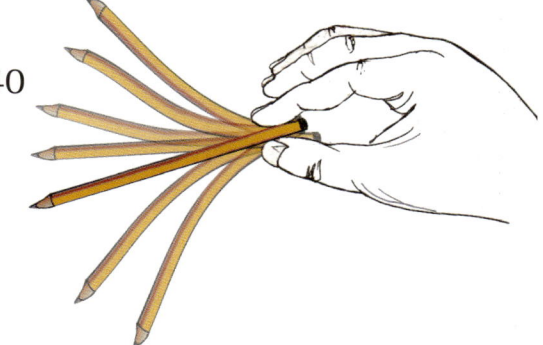

140

- Halten Sie einen Bleistift locker zwischen Daumen und Zeigefinger fest.
- Schwenken Sie die Hand vorsichtig hin und her.

Der Bleistift verbiegt sich und sieht aus, als wäre er ganz weich. Warum?

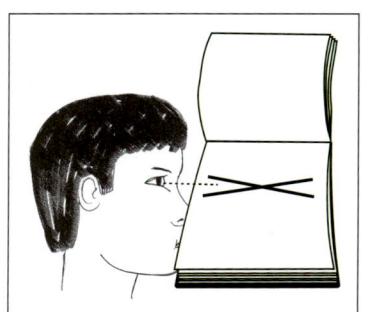

141

- Halten Sie das Buch waagerecht.
- Richten Sie die Augen jeweils auf die Mitte der Zeichnung rechts (die rote Markierung).
- Konzentrieren Sie sich auf die Mitte des Kreuzes, ohne die Augen abzuwenden.

Kreuz 1: Das Kreuz teilt sich in zwei Teile und beide entfernen sich voneinander.
Kreuz 2: Es erscheint eine senkrechte Linie, die sich langsam teilt. Oberhalb des Kreuzes entfernen sich die beiden Linien voneinander.

Wie wir Bewegung wahrnehmen

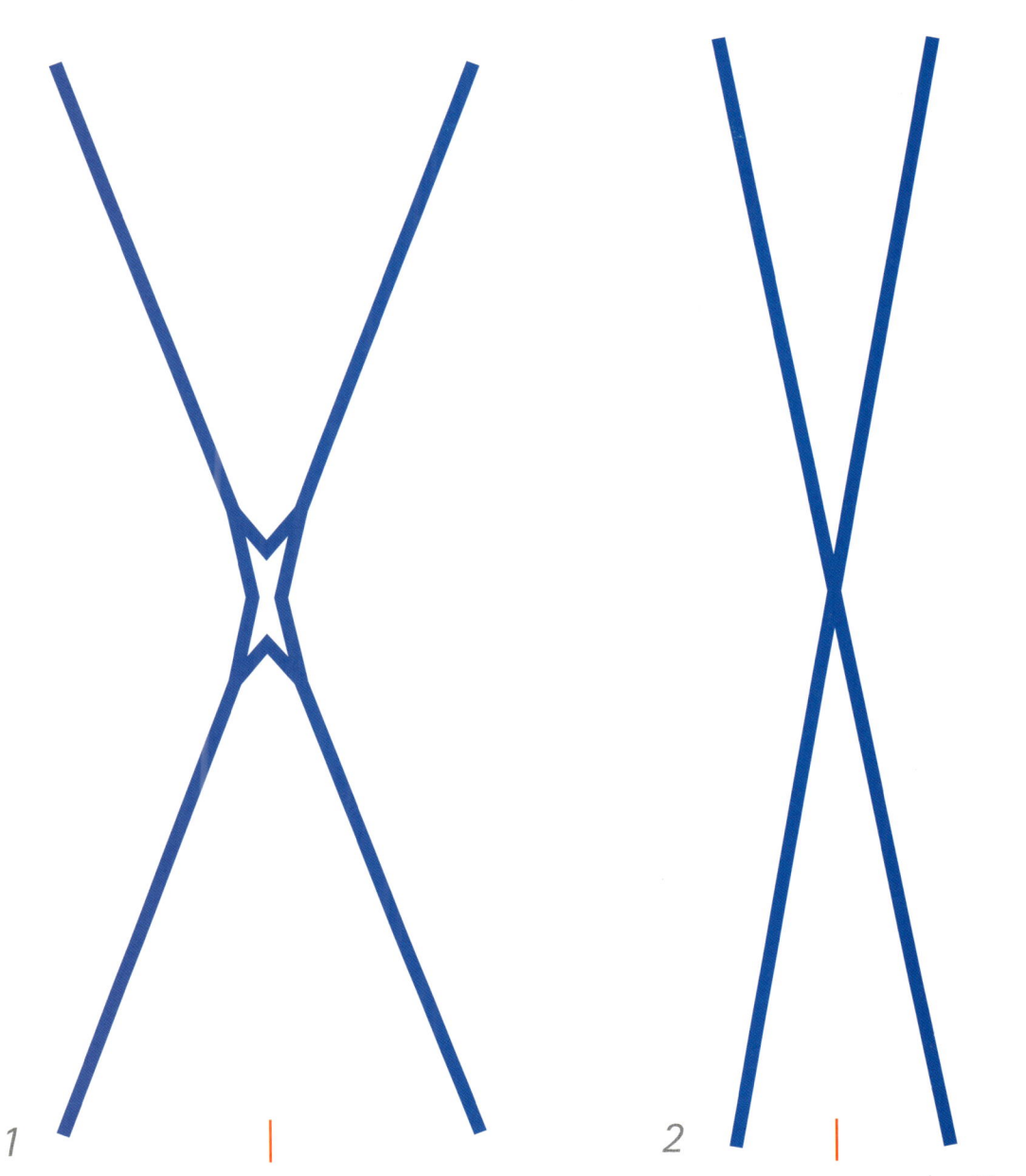

1 *2*

Wie wir Bewegung wahrnehmen

- Verfahren Sie wie auf der vorherigen Seite, indem Sie den roten Strich auf Nasenhöhe halten. Die Linien bewegen und kreuzen sich.

142

Wie wir Bewegung wahrnehmen

143

- Wenn man den Blick von oben nach unten über dieses Bild wandern lässt, scheinen sich die Reihen waagerecht zu verschieben. Woran liegt das?

Wie wir Bewegung wahrnehmen

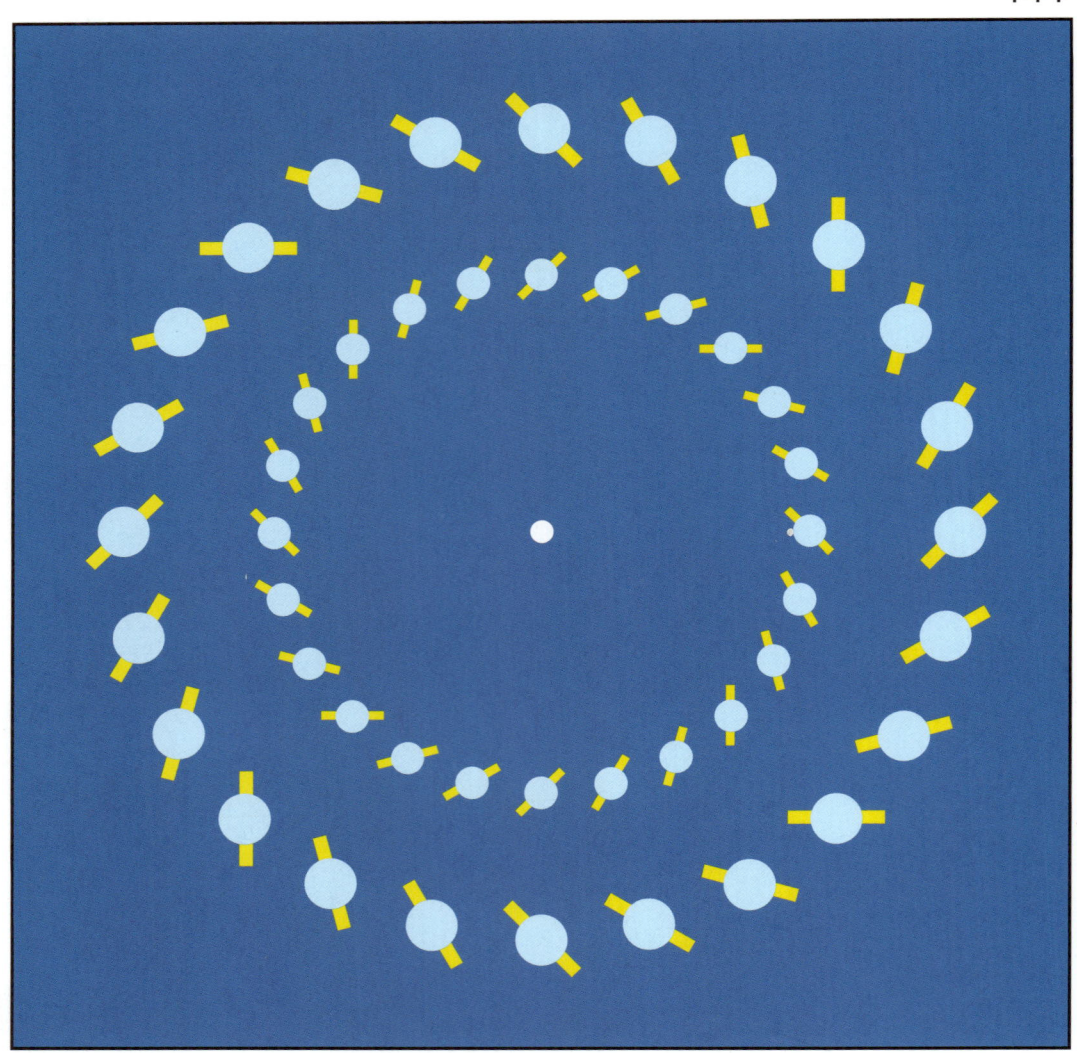

144

- Wenn man den Blick auf den weißen Punkt in der Mitte fixiert und den Kopf nach vorn und wieder zurück bewegt, drehen sich die Kreise. Woran liegt das?

Wie wir Bewegung wahrnehmen

145

- Wenn man den Blick jeweils auf den Mittelpunkt der Bilder fixiert, scheinen sich die Scheiben zu drehen. Warum?

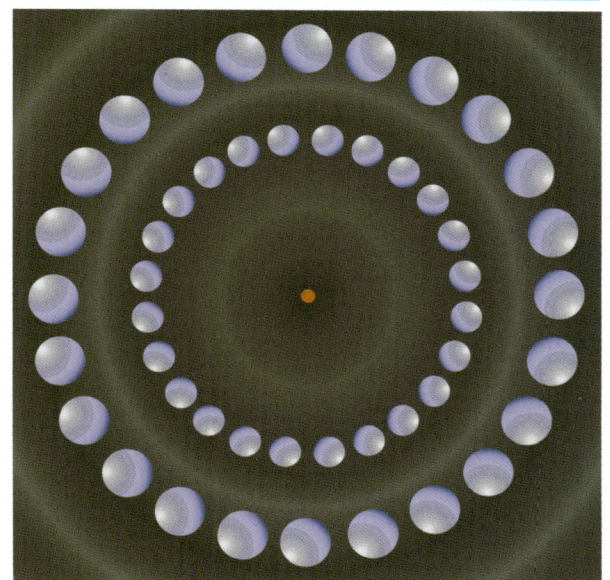

146

Wie wir Bewegung wahrnehmen

- Sind das Spiralen oder konzentrische Kreise?

147

Wie wir Bewegung wahrnehmen

148

Wie wir Bewegung wahrnehmen

149

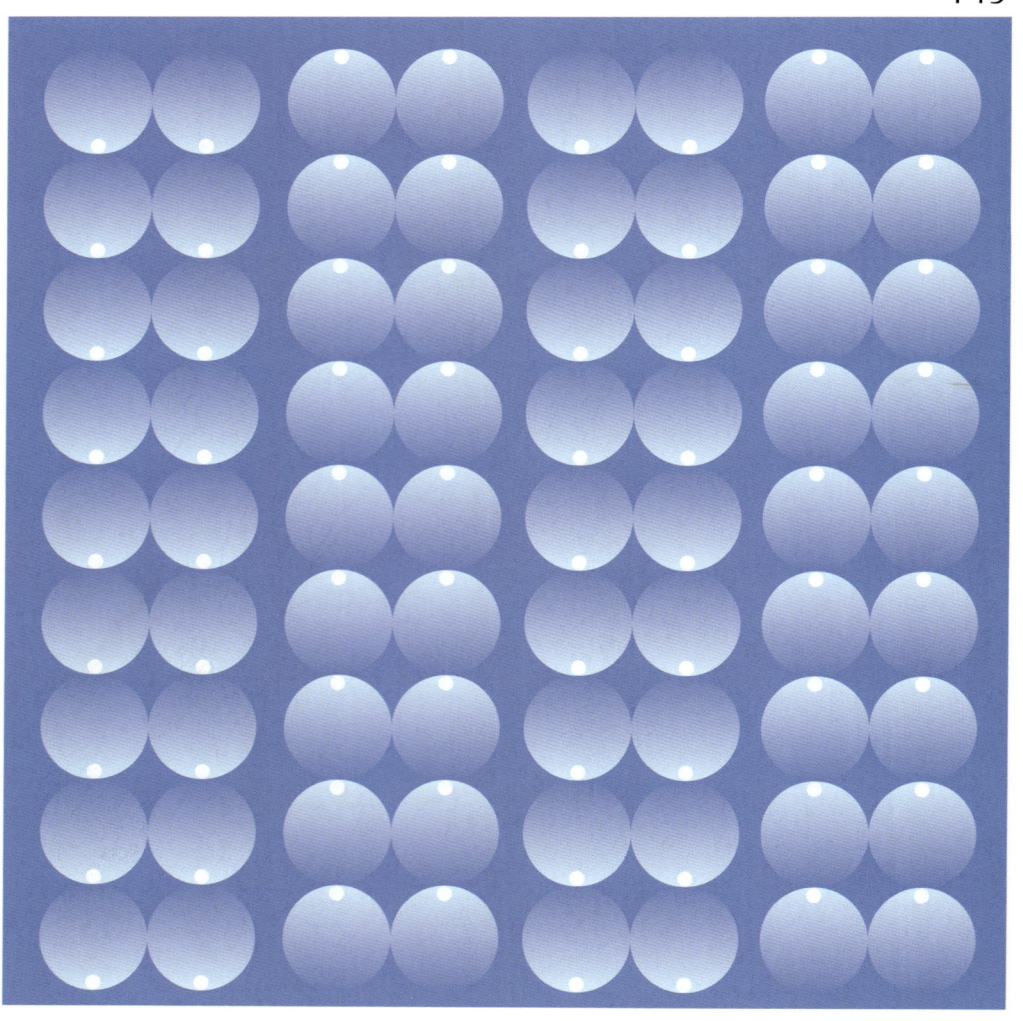

- Wenn man eine Kugelkolonne eine Weile fixiert und und dann eine andere Kugelkolonne anschaut, scheinen sich die Kolonnen nach oben und unten zu bewegen. Warum?

Wie wir Bewegung wahrnehmen

150

• Diese Kreise scheinen sich zu drehen. Warum?

Wie wir Bewegung wahrnehmen

151

104

Wie wir Bewegung wahrnehmen

152

153

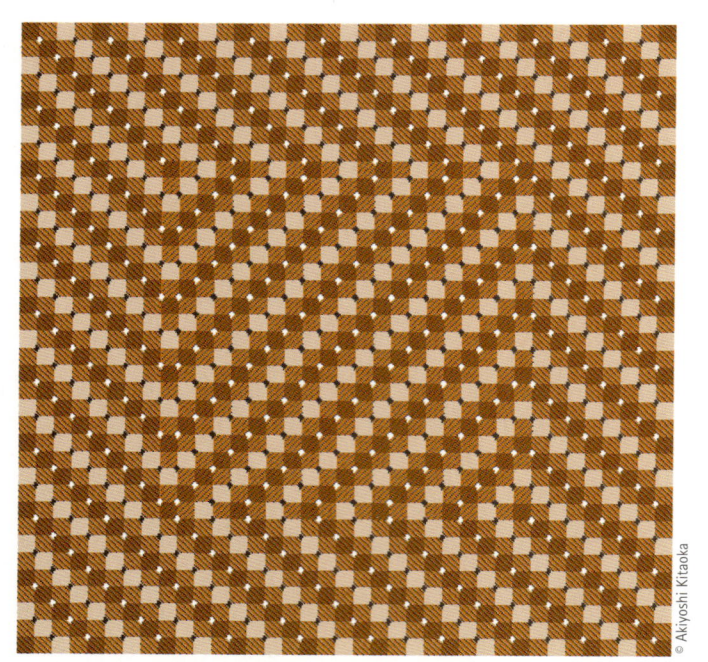

„Akachochin tengoku 2"
(sinngemäße Übersetzung:
„Japanische Bars sind
paradiesisch.")

• Wenn man den Blick über
den mittleren Teil wandern
lässt, scheint er sich zu
bewegen. Warum?

154

„The autumn
color swamp"
(Der herbst-
farbene Sumpf)

- Auf diesen beiden Bildern scheint sich der mittlere Teil zu bewegen.
- Zusätzliche Wirkung:
  Das Karomuster verformt sich. Die Quadrate wirken nicht mehr rechtwinklig.

  Was ist der Grund für diese Effekte?

155

„Trampoline"
(Trampolin)

156

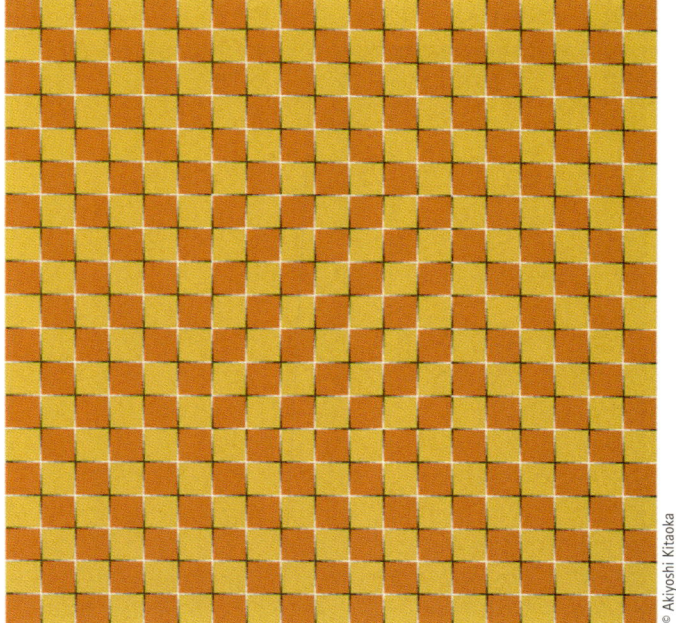

„Apple"
(Apfel)

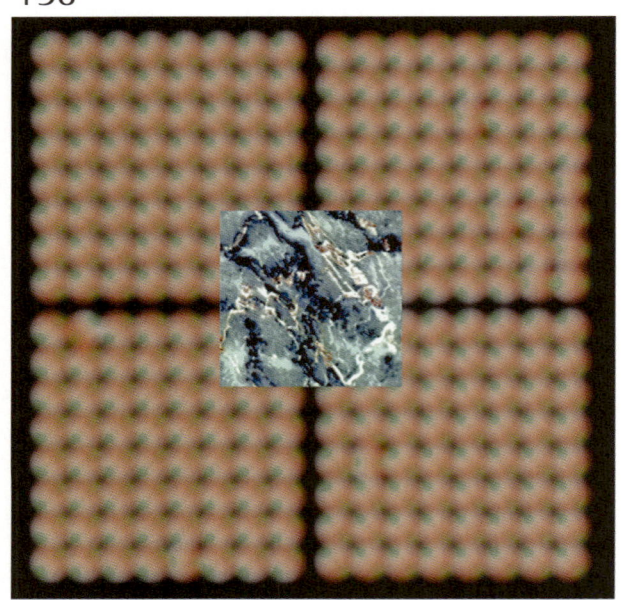

Wie wir Bewegung wahrnehmen

157

158

108

Wie wir Bewegung wahrnehmen

159

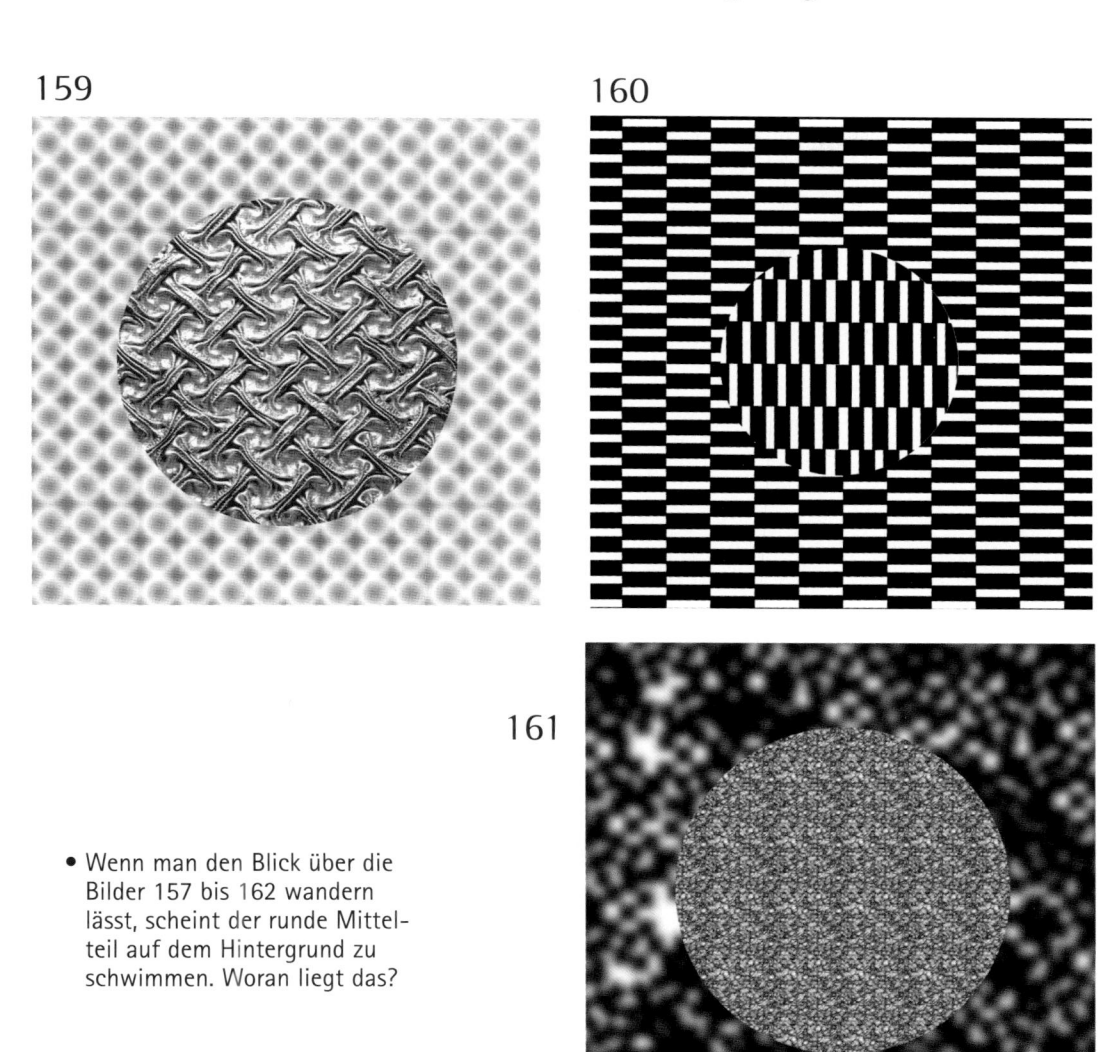

160

161

- Wenn man den Blick über die Bilder 157 bis 162 wandern lässt, scheint der runde Mittelteil auf dem Hintergrund zu schwimmen. Woran liegt das?

Wie wir Bewegung wahrnehmen

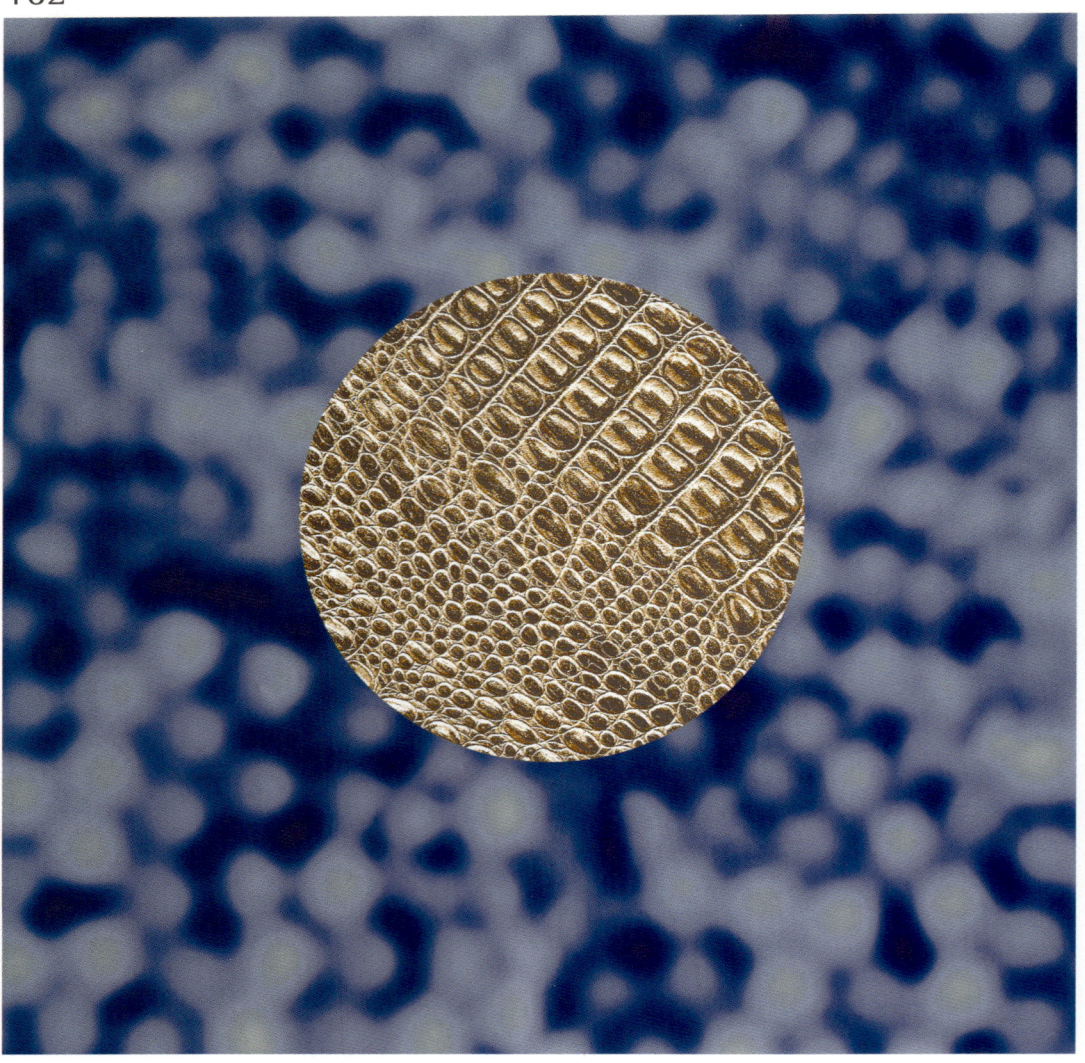

162

Nachbildwirkung auf der Netzhaut

Von einer Nachbildwirkung auf der Netzhaut spricht man, wenn ein wahrgenommenes Bild noch einen Moment lang im Gedächtnis bleibt. Dieses Phänomen tritt besonders dann auf, wenn man eine helle Fläche, etwa ein Fenster, betrachtet. Schließt man danach die Augen, erscheint das Fenster noch kurze Zeit als Negativbild. Die gleiche Täuschung entsteht, wenn man nach einem sehr kontrastreichen Bild sofort eine weiße Fläche betrachtet.

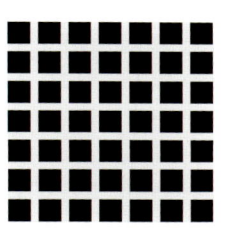

Hermann-Gitter

Nachbildwirkung auf der Netzhaut

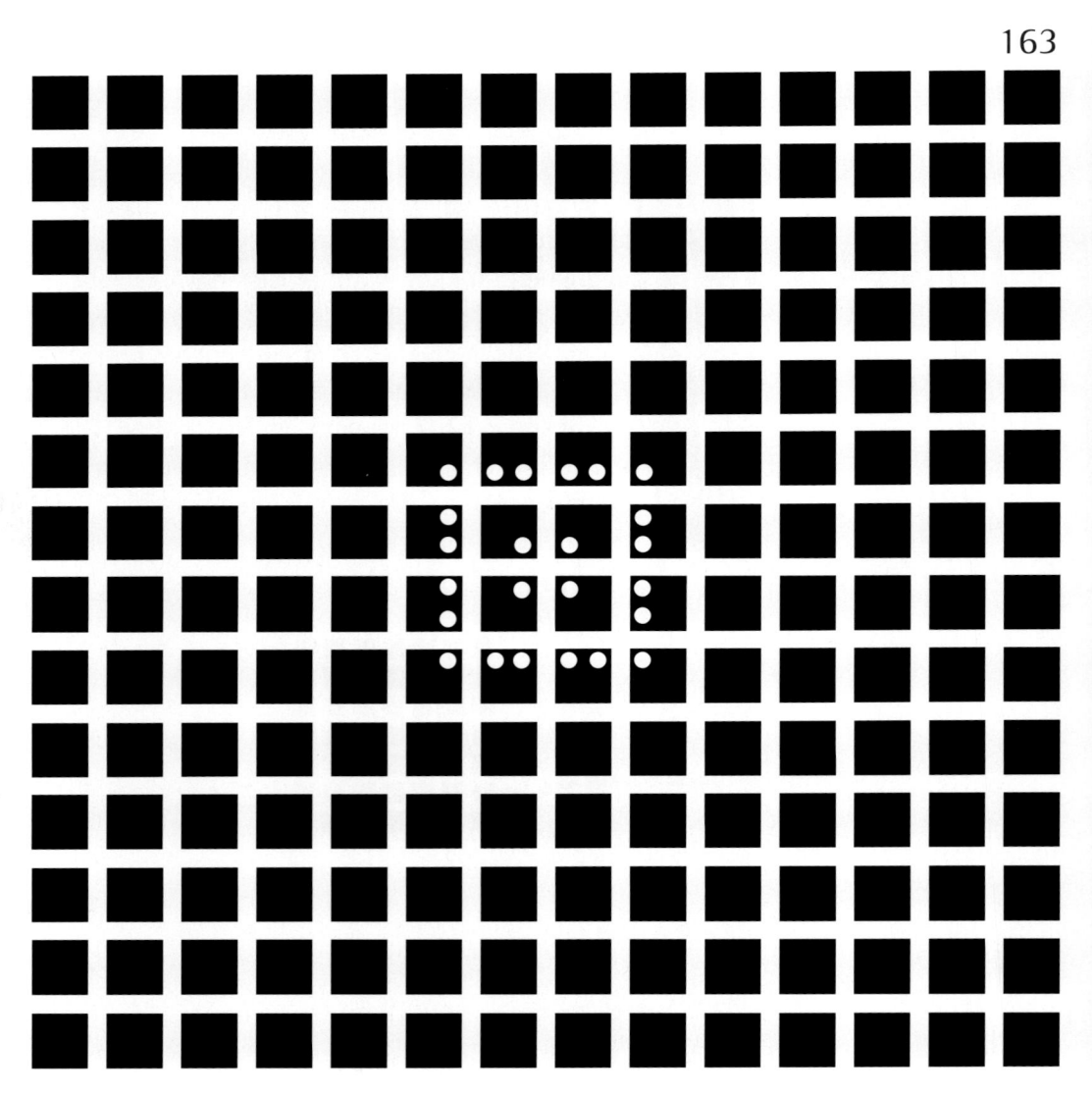

- Was taucht an den Schnittstellen der weißen Linien auf?

Nachbildwirkung auf der Netzhaut

164

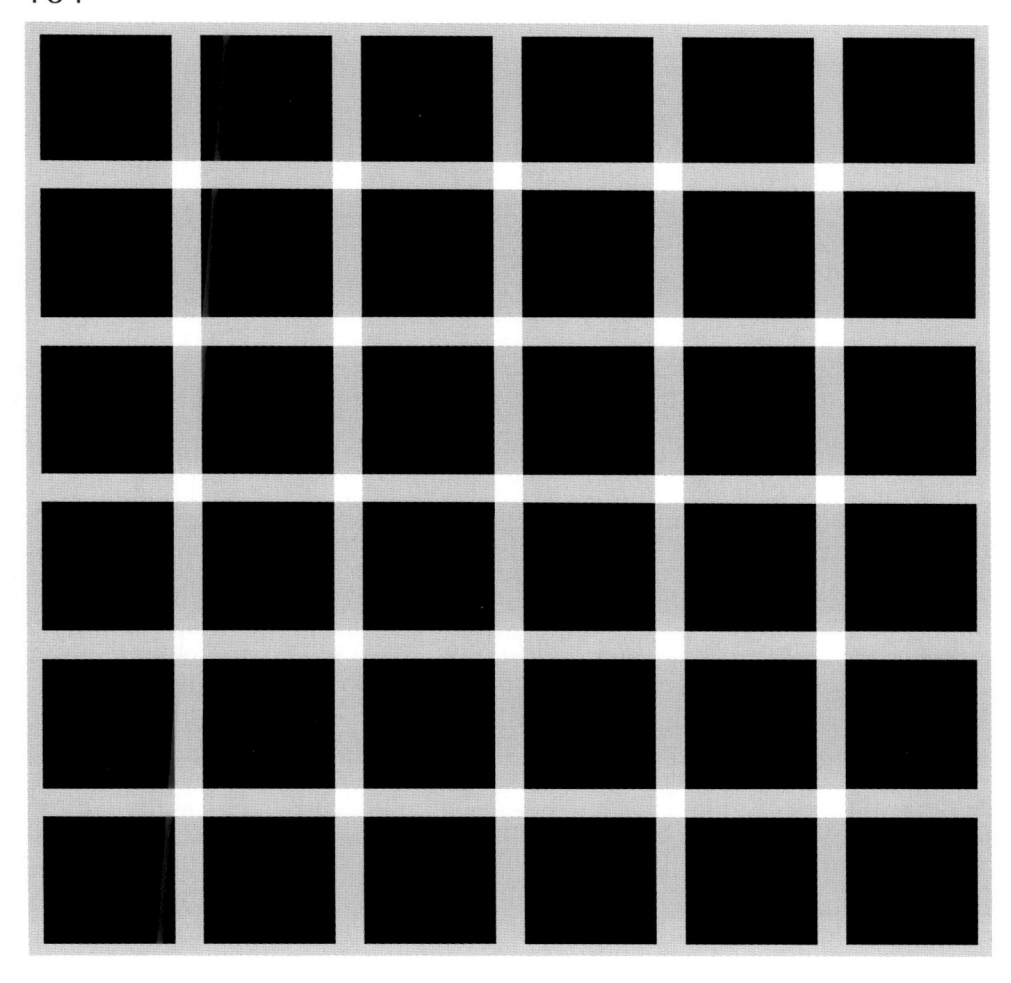

- Auf diesem Bild sind die Schnittstellen der grauen Linien weiße Quadrate. Was passiert, wenn man sich auf eines dieser Quadrate konzentriert?

Nachbildwirkung auf der Netzhaut

165

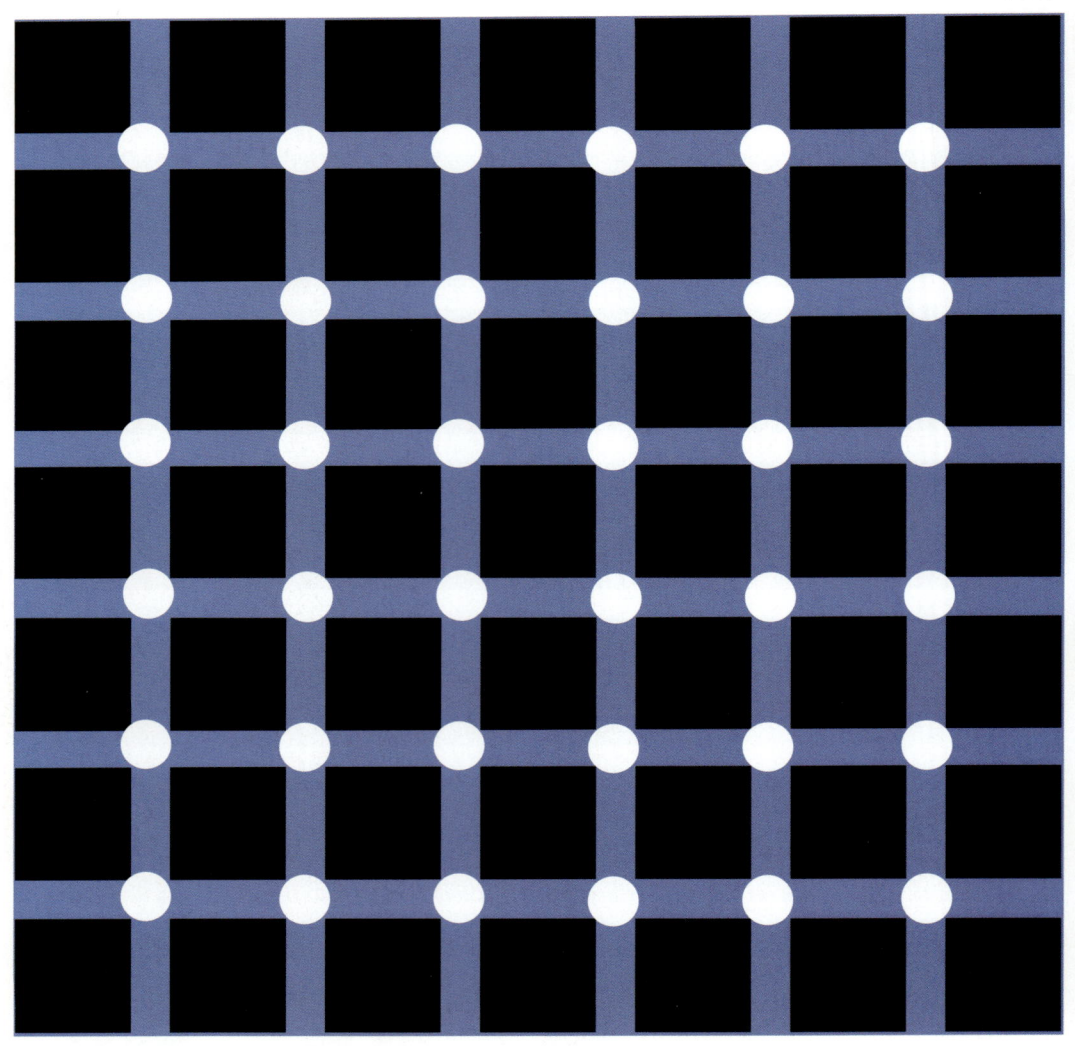

- Was erscheint auf den weißen Punkten, wenn man den Blick über das Bild wandern lässt?

Nachbildwirkung auf der Netzhaut

166

167

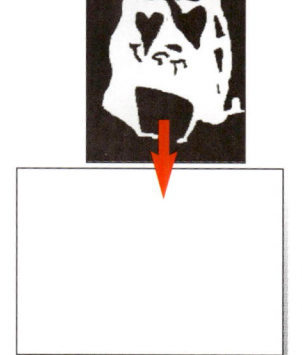

168

- Fixieren Sie einige Sekunden lang jeweils die Mitte der Negativbilder 166–170.

- Sehen Sie dann schnell auf ein weißes Blatt. Es erscheint flüchtig das Positivbild. Warum?

Nachbildwirkung auf der Netzhaut

169

170

116

Unmögliche Konstruktionen

Unmögliche Konstruktionen sind beabsichtigte Fehler in der perspektivischen Darstellung. Einer der ersten, der sich mit diesem Prinzip in sehr komplexen Bildern beschäftigt hat, war der Niederländer Maurits Cornelius Escher (1898–1972). Auf diesen Bildern sieht man das Unmögliche nicht immer auf den ersten Blick.

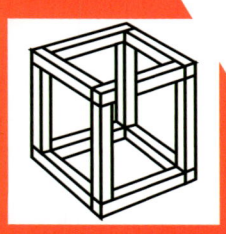

Unmögliche Konstruktionen

171

- Das Wasser stürzt als Wasserfall in die Tiefe und fließt dennoch auf der gleichen Ebene zu seinem Ausgangspunkt zurück. Woran liegt das?

Unmögliche Konstruktionen

172

- Die Treppe führt ständig nach oben und endet doch am Ausgangspunkt. Wieso?

Unmögliche Konstruktionen

173

- Wäre dieser Bogen wirklich unmöglich zu bauen? Warum?

Unmögliche Konstruktionen

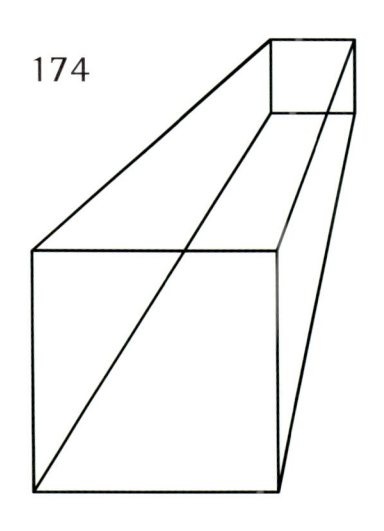

174

- Was ist hier abgebildet?
  Ein Pyramidenstumpf oder ein langer Kasten?

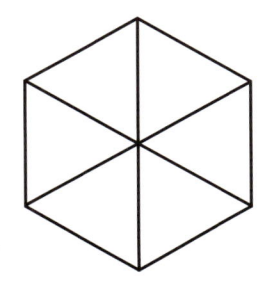

- Was ist hier abgebildet?
  Wird der Würfel von unten oder von oben gezeigt?

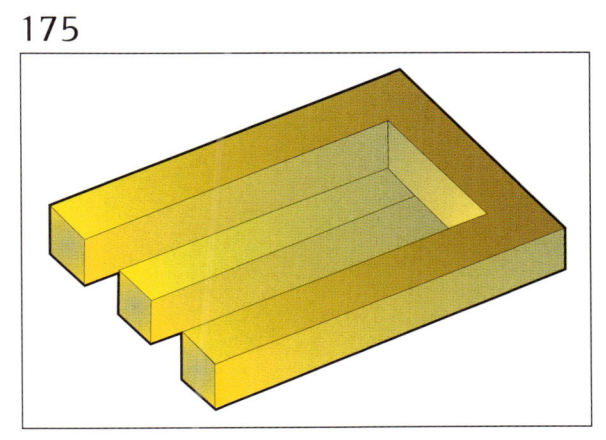

175

176

- Diese beiden Objekte könnte man nicht bauen. Warum nicht?

Unmögliche Konstruktionen

177

178

• Hier sind Konstruktionen abgebildet, die man nicht verwirklichen könnte. Warum nicht?

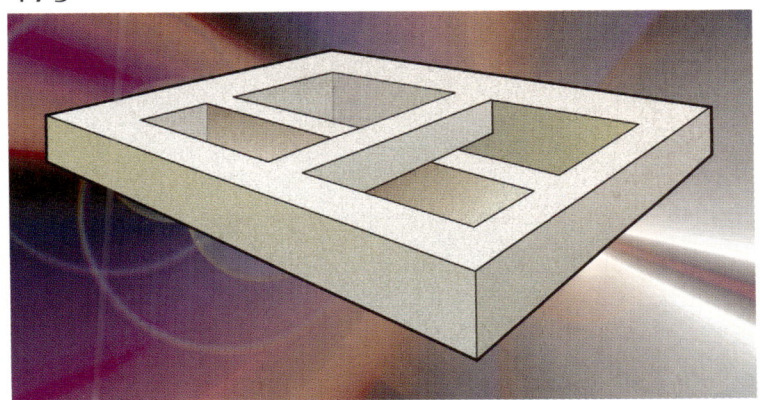

Unmögliche Konstruktionen

179

180

Unmögliche Konstruktionen

181

- Eine Variante des berühmten Würfels von M. C. Escher. Was stimmt hier nicht?

Unmögliche Konstruktionen

182

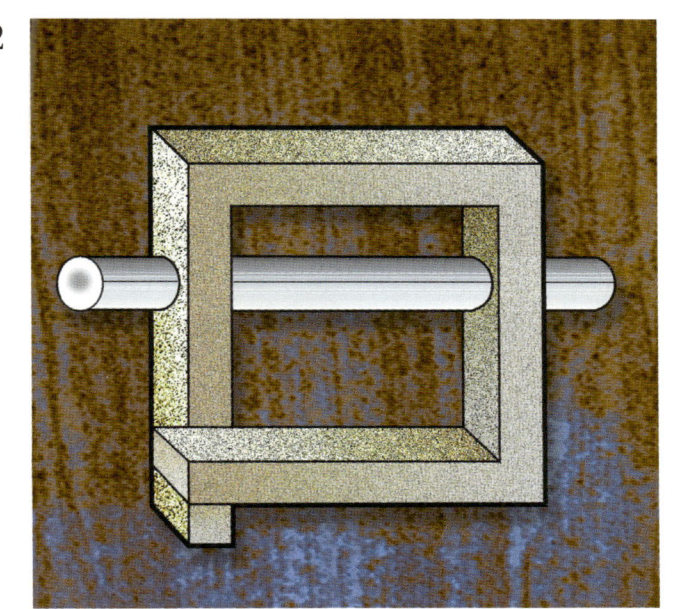

• Wo ist der Fehler?

183

Unmögliche Konstruktionen

184

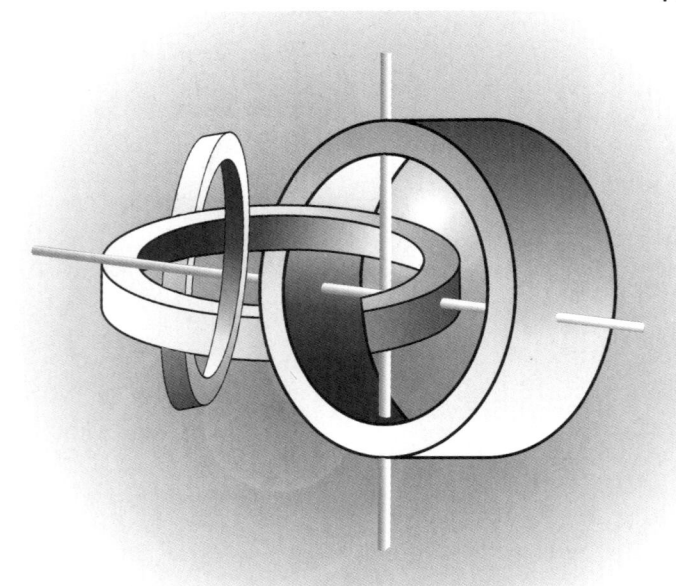

- Wo ist der Fehler?

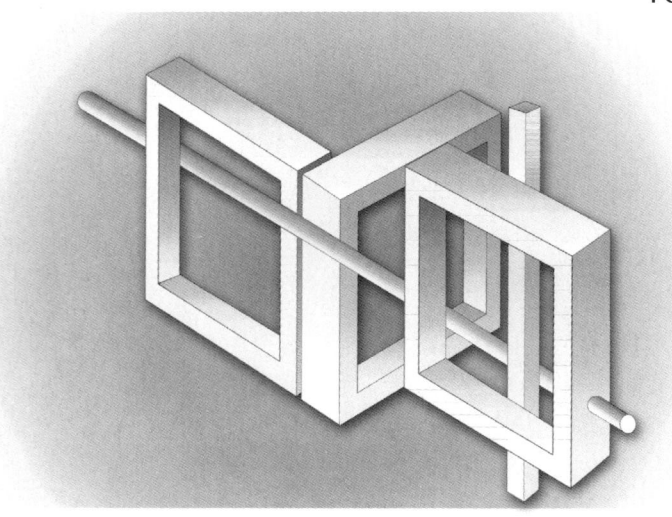

185

Unmögliche Konstruktionen

186

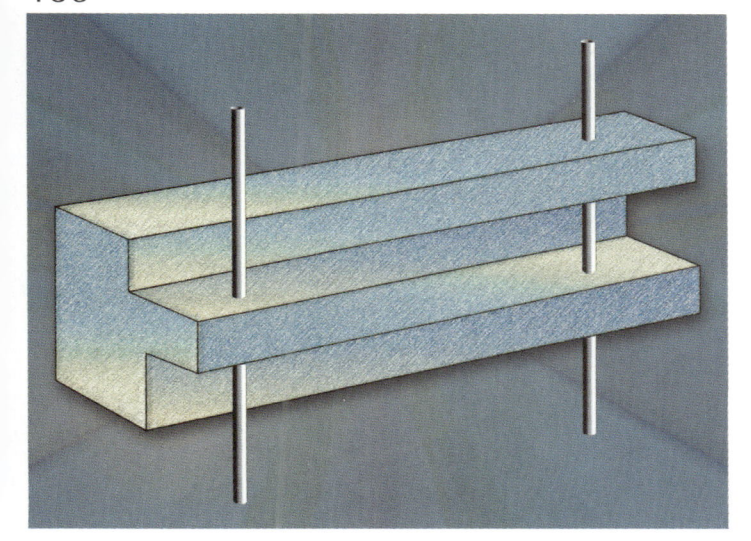

187

• Wo ist der Fehler?

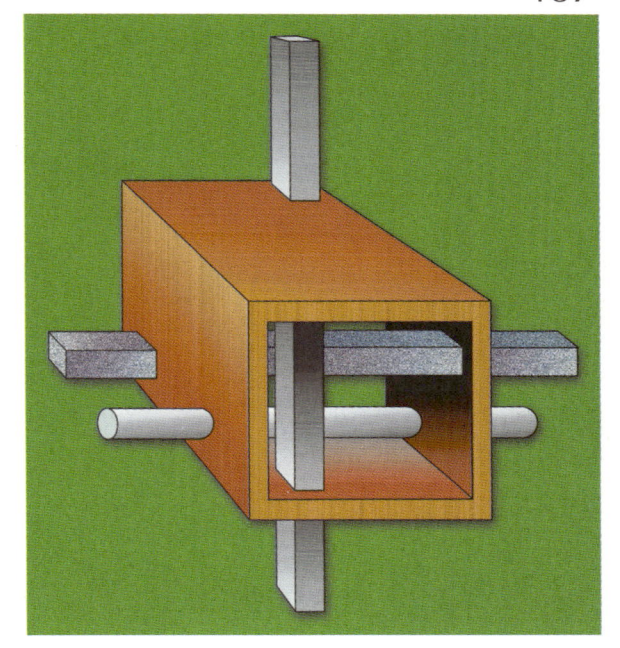

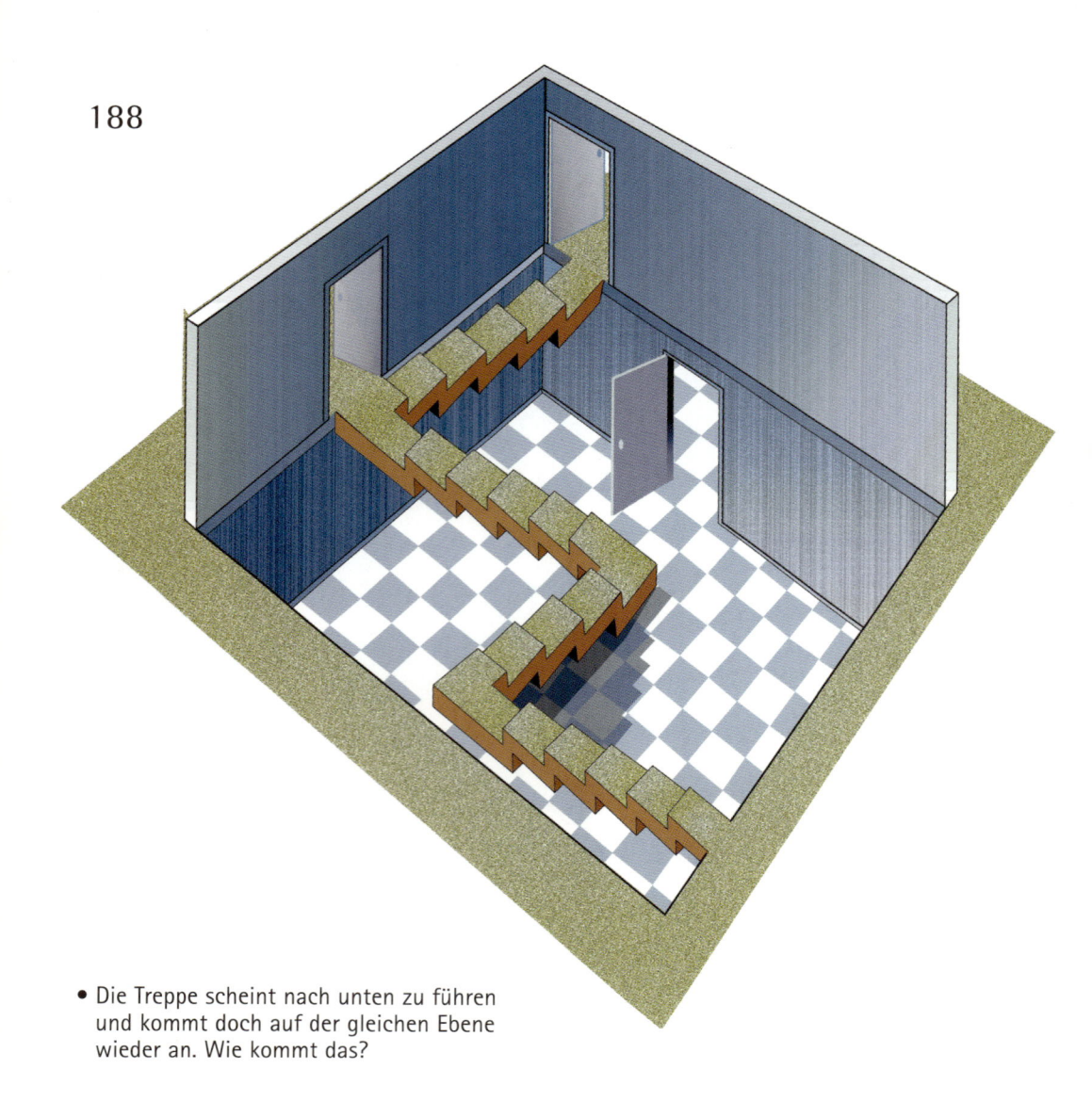

Unmögliche Konstruktionen

188

- Die Treppe scheint nach unten zu führen und kommt doch auf der gleichen Ebene wieder an. Wie kommt das?

Senkrecht und waagerecht

Die folgenden Bilder sind keine Trickaufnahmen und wurden auch nicht retuschiert. Die Fotos wurden genauso aufgenommen, wie man sie sieht. Worin besteht der Trick?

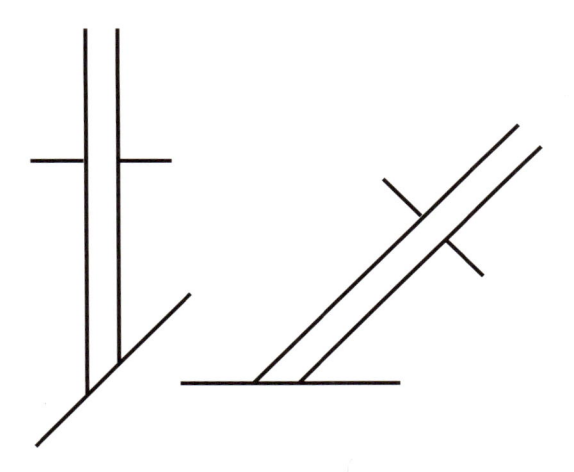

Senkrecht und waagerecht

189

- Die Gebäude auf den Fotos 189–192 stehen schief, als seien sie nach einem Erdbeben oder einem Erdrutsch in den Boden gesunken. Dabei wurden die Fotos in keinster Weise nachträglich bearbeitet. Wie ist das möglich?

190

Senkrecht und waagerecht

191

Senkrecht und waagerecht

192

Schweben

Ein Schatten kann die Position eines Gegenstands im Raum verändern. Dadurch „schwebt" das Objekt schwerelos durch das Bild.

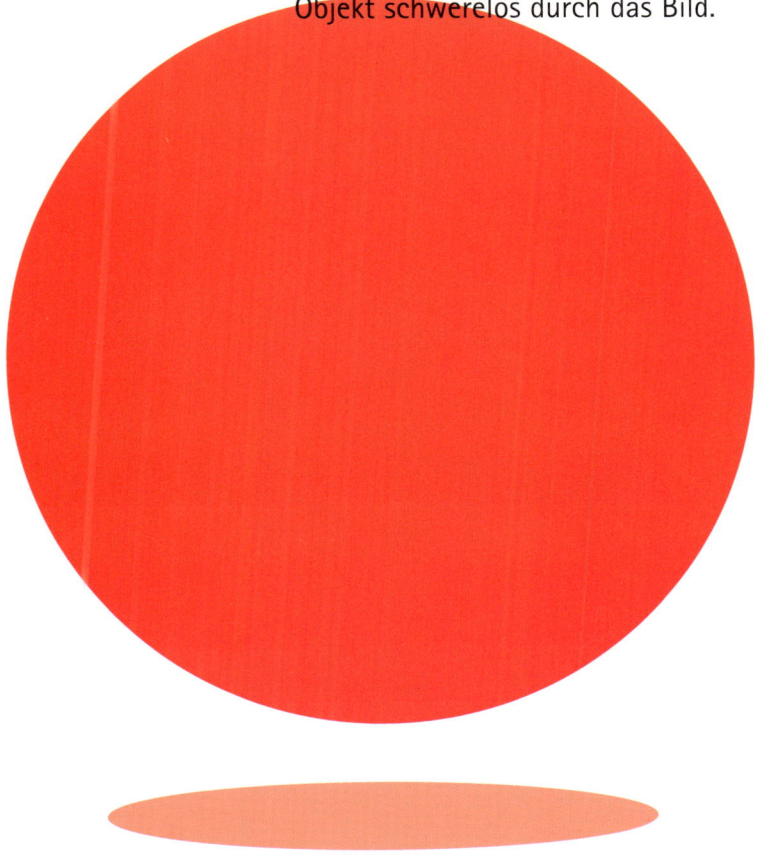

Schweben

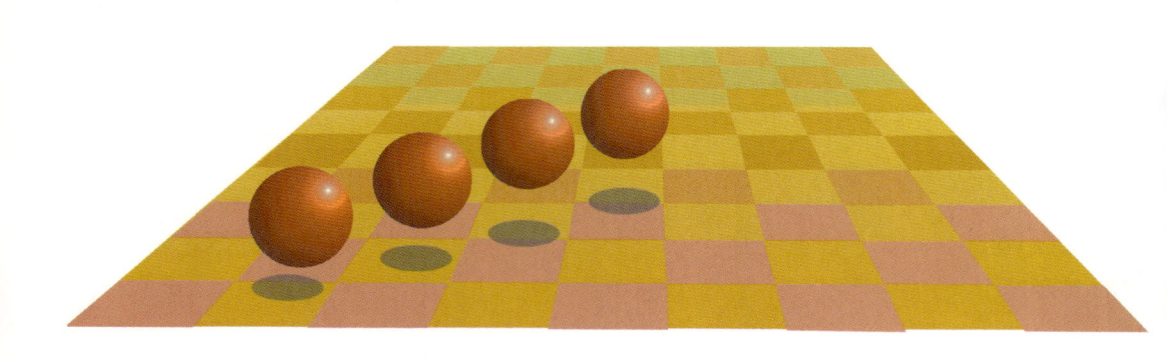

193

- Auf dem unteren Schachbrett scheinen die Kugeln zu schweben. Dennoch liegen sie auf beiden Brettern an der gleichen Stelle. Wie entsteht diese Täuschung?

Schweben

194

- Ist dies ein Fleck auf dem Tischtuch oder der Schatten einer schwebenden Schale?

Schweben

195

Versteckte Bilder

Versteckte Bilder wurden in der Geschichte häufig dazu verwendet, eine Meinung oder seine Zuneigung zu einem Menschen auszudrücken, ohne Verdacht zu erregen.
In den Zeichnungen waren oftmals Dinge oder Szenen versteckt, die damals verboten oder zensiert waren und die nur ein sachkundiges Auge erkennen konnte. Vielen Künstlern machte es großen Spaß, diese Technik anzuwenden.

Versteckte Bilder

196

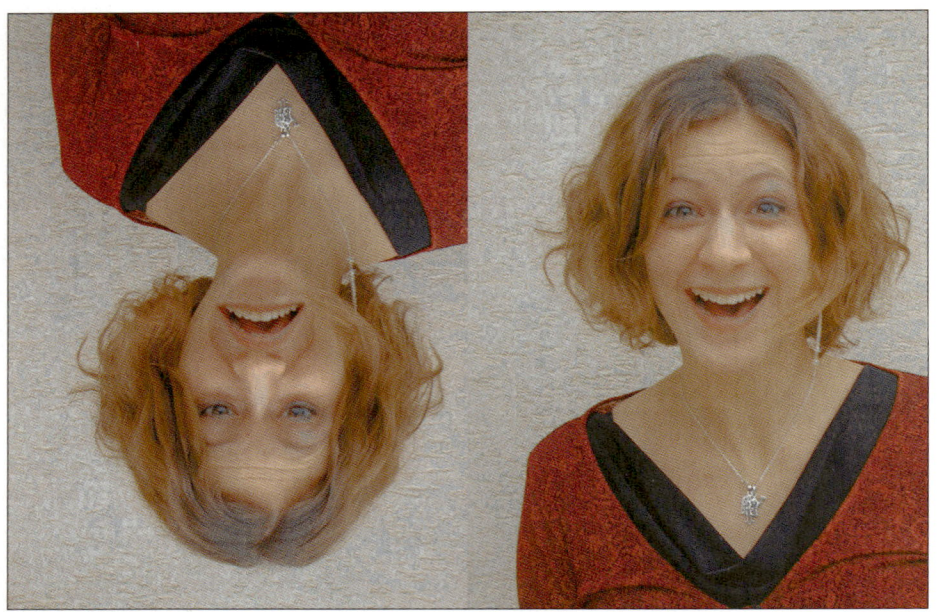

- Diese Frau lacht – auch wenn sie auf dem Kopf steht. Drehen Sie das Buch doch einmal herum ...

197

- Was erscheint auf diesem und den nächsten Bildern, wenn man sie auf den Kopf stellt?

„Old Man Muffaroo" aus einem Cartoon von Gustave Verbeek

Versteckte Bilder

198

CHERCHEZ... ET VOUS TROUVEREZ!
Le paysan Basque
et le vieil Alsacien

199

Les voyez-vous....
...Les deux rieurs?

200

SU CABALLO
EL HUSAR

201

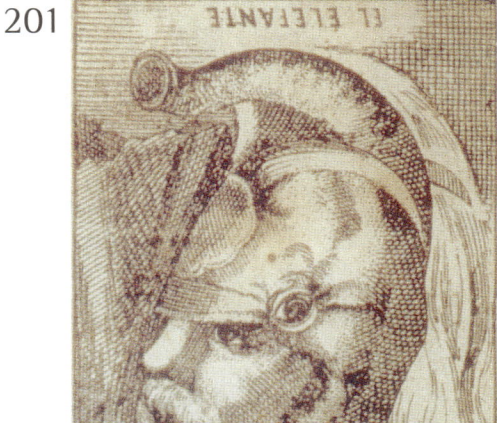

EL ELEFANTE
EL DRAGON

Versteckte Bilder

202

- Dieses sehr bekannte Bild zeigt eine junge Frau und ihre Großmutter. Sehen Sie sie?

Versteckte Bilder

203

- Aus diesem älteren Bild wurde Bild 202 abgeleitet. Auch dieses hier zeigt eine junge und eine alte Frau.

204

Cadet-Rousselle père et fils en une seule personne... COMMENT CELA.

Versteckte Bilder

205

- Wo versteckt sich Napoléon Bonaparte?

Versteckte Bilder

206

- In diesem Bild verstecken sich vier Profile. Sehen Sie sie?

143

Versteckte Bilder

207

"Paranoiac Visage"
(Paranoisches Gesicht, 1935)
Salvador Dalí

© Salvador Dalí, Fondation Gala-Salvador Dalí / Adagp, Paris 2004

- Was verstecken die Bilder 207–215?

208

"Cygnes réfléchis en éléphants", (Schwäne spiegeln Elefanten wieder, 1937)
Salvador Dalí

© Salvador Dalí, Fondation Gala-Salvador Dalí / Adagp, Paris 2004

Versteckte Bilder

209

„Le Marché aux esclaves avec le buste invisible de Voltaire"
(Sklavenmarkt mit unsichtbarer Büste Voltaires, 1940)
Salvador Dalí

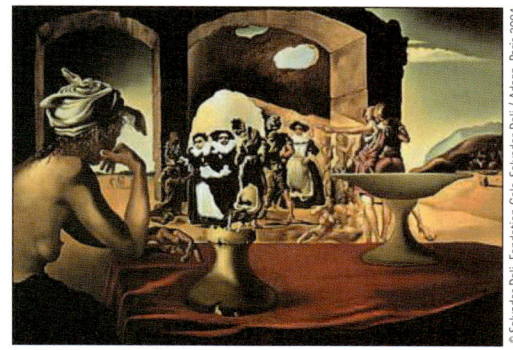

Versteckte Bilder

210

Bild vom Beginn des 20. Jahrhunderts

211

„Les mystérieuses lèvres qui apparaissent dans le dos de ma nurse" (Die geheimnisvollen Lippen, die im Rücken meiner Kinderfrau auftauchen, 1941)
Salvador Dalí

Versteckte Bilder

212

Der Küste der Algarve in Portugal nachempfundenes Bild.

Versteckte Bilder

213

„The General's Family" (Die Familie des Generals) – Octavio Ocampo

Versteckte Bilder

214

„Forever always" (Für immer und ewig) – Octavio Ocampo

Versteckte Bilder

215

"Visions of Quixote" (Visionen von Don Quixote) – Ocatvio Ocampo

Lösungen und Erklärungen

1
Wenn man die Seiten verlängert, entsteht ein Quadrat mit einem C. Das Bild auf der Seite 8 ist das Logo der französischen Warenhauskette „Carrefour".

2
Je nachdem, ob es um die Farben Blau oder Braun geht, zeigen die Pfeile nach unten bzw. oben.

3
Wer sich auf Schwarz konzentriert, sieht Pfeile, die in die vier Ecken des Quadrats zeigen.
Wer sich auf Weiß konzentriert, sieht Quadrate auf schwarzem Hintergrund.

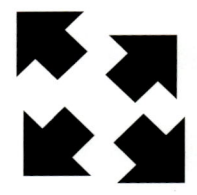

4
Wer nur das Schwarz wahrnimmt, sieht eine Fledermaus, während in Gold ein offener Mund erscheint.

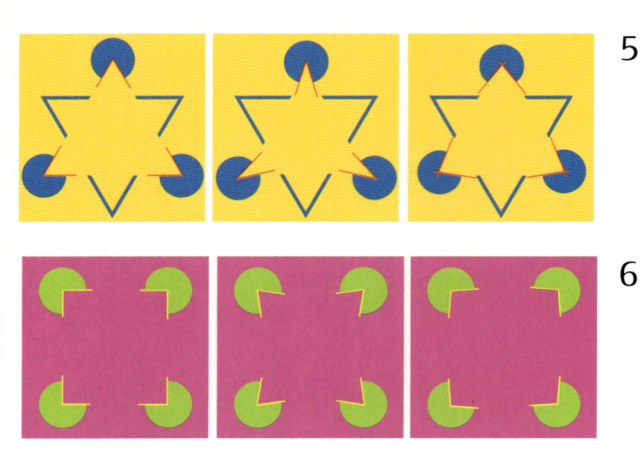

5 / 6
In diesen Bildern erscheinen ein Dreieck bzw. ein Quadrat, obwohl sie keine Umrisse haben. Beide erwecken den Eindruck, sie lägen auf einer höheren Ebene als der Rest der Zeichnung. Die veränderten Winkel der Einschnitte in den Kreisen lassen die Formen entweder gerade, konvex oder konkav wirken.

7

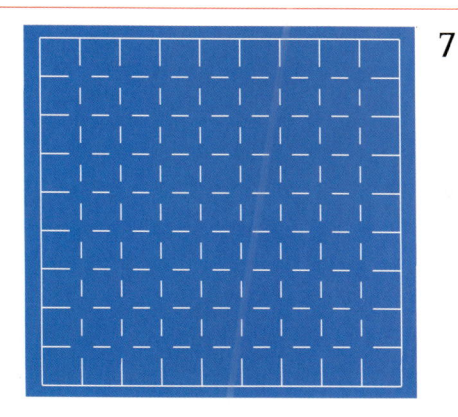

Die Unterbrechungen sehen wie runde Punkte auf den Schnittstellen des Karomusters aus.

Ehrenstein-Täuschungen

8

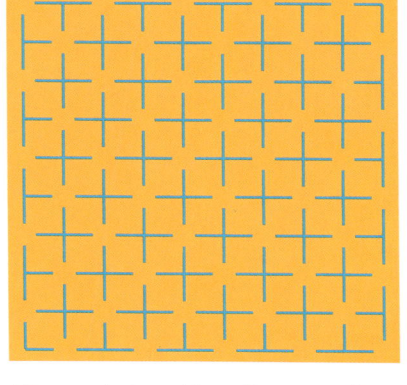

Hier erscheinen blaue Kreuze auf einem orangefarbenem Untergrund oder ein orangefarbenes Karomuster mit blauen Kreuzen in jedem Quadrat.

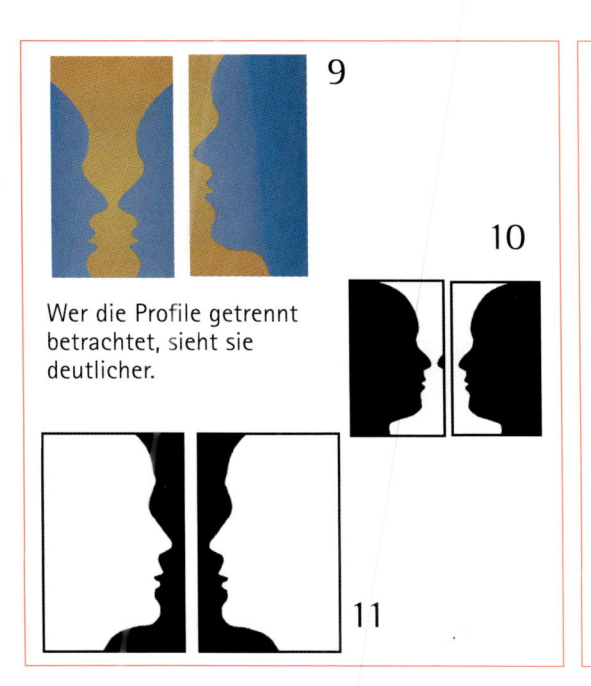

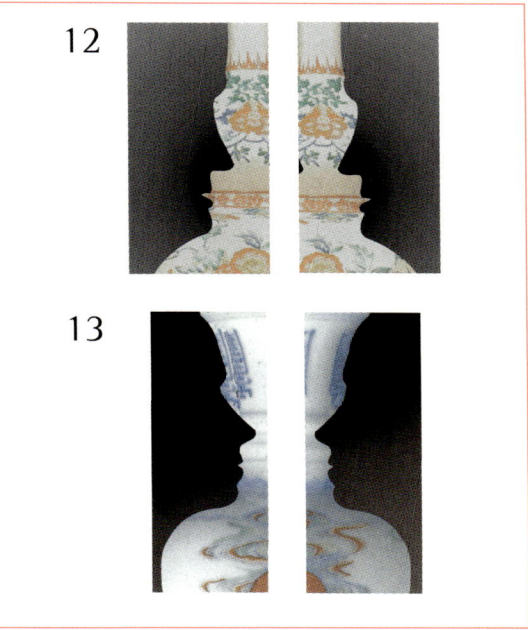

9

Wer die Profile getrennt betrachtet, sieht sie deutlicher.

10

11

12

13

153

14

Ja, die Quadrate sind gleich groß.

15

Der Abstand von C nach D ist in beiden Fällen gleich groß wie der von A nach B. Die Senkrechten scheinen immer länger zu sein als die Waagerechten.

16

17

All diese Linien sind gleich lang.

18

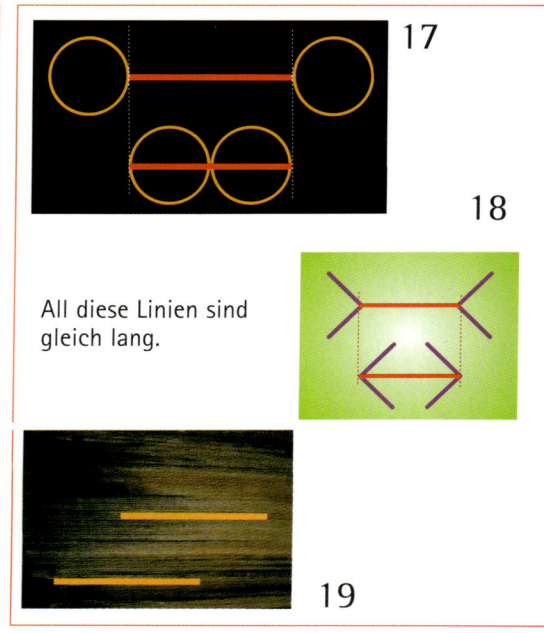

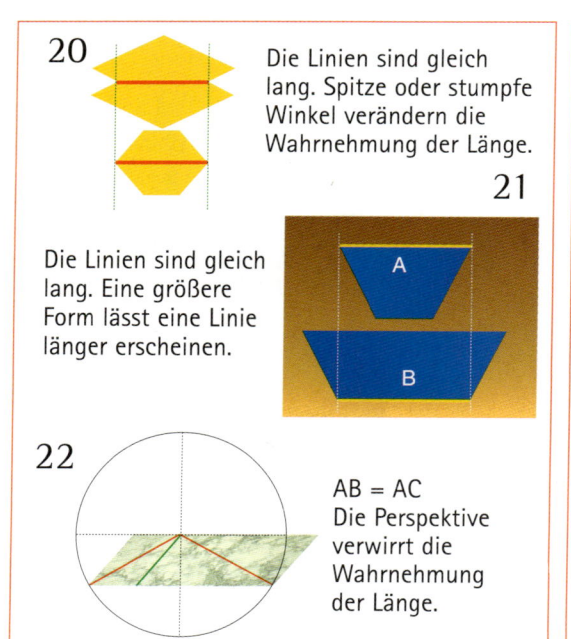

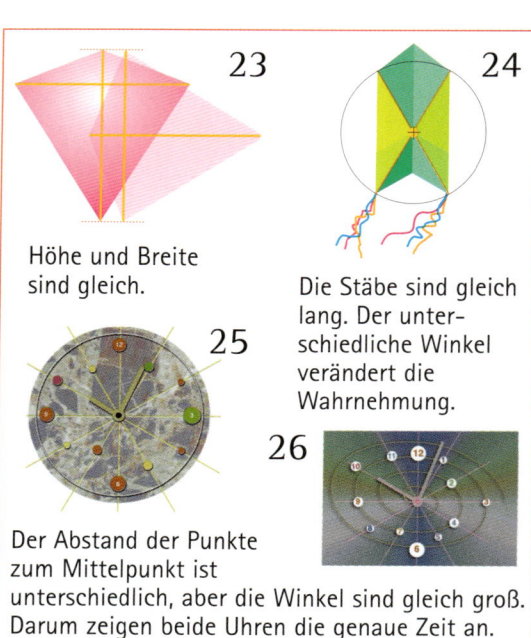

19

20

Die Linien sind gleich lang. Spitze oder stumpfe Winkel verändern die Wahrnehmung der Länge.

21

Die Linien sind gleich lang. Eine größere Form lässt eine Linie länger erscheinen.

22

AB = AC
Die Perspektive verwirrt die Wahrnehmung der Länge.

23

Höhe und Breite sind gleich.

24

Die Stäbe sind gleich lang. Der unterschiedliche Winkel verändert die Wahrnehmung.

25

26

Der Abstand der Punkte zum Mittelpunkt ist unterschiedlich, aber die Winkel sind gleich groß. Darum zeigen beide Uhren die genaue Zeit an.

27

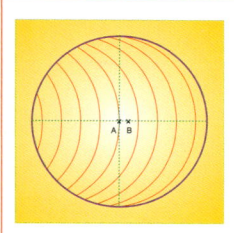

A ist der Mittelpunkt. Die roten gekrümmten Linien rechts verschieben den Mittelpunkt nur optisch.

28

Ja, denn die Spitze und die breite Grundlinie verändern die Wahrnehmung der beiden Abstände.

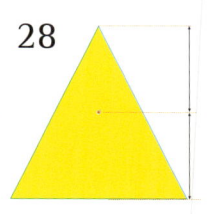

29

Die beiden Linien sind gleich lang. Eine Schräge erscheint immer kürzer als eine Senkrechte.

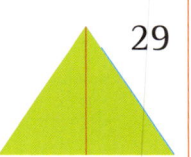

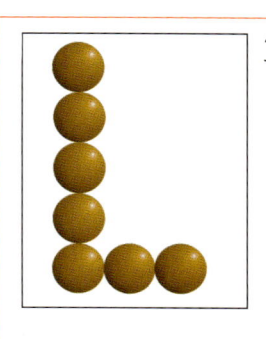

30

31

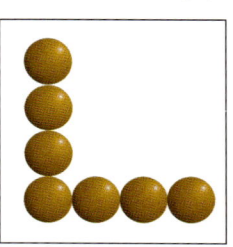

Für beide Abbildungen gilt: AB = CD. Die Leerräume und die unterschiedliche Wahrnehmung von Senkrechten und Waagerechten lassen die Abstände unterschiedlich wirken.

32

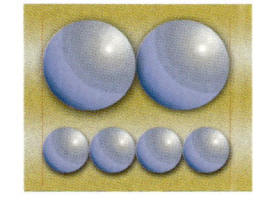

AB = CD
Vier Objekte wirken größer als zwei, auch wenn sie einzeln kleiner sind.

33

Ja. Wie im Beispiel 18 verändern die Pfeilspitzen die Wahrnehmung der Abstände.

34

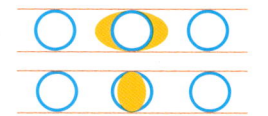

Alle Kreise sind gleich groß.

35

Beide Eigelbe sind gleich groß, obwohl das auf einem größeren Teller servierte Eigelb kleiner aussieht.

36

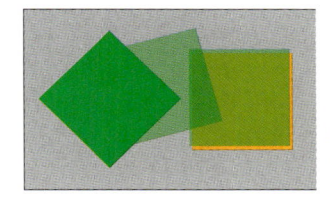

Beide Quadrate sind gleich groß.

37

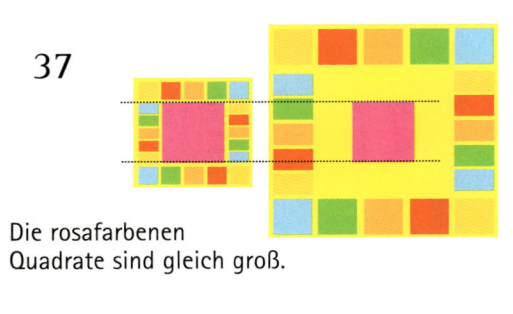

Die rosafarbenen Quadrate sind gleich groß.

38

Die beiden roten Kugeln sind gleich groß.

39

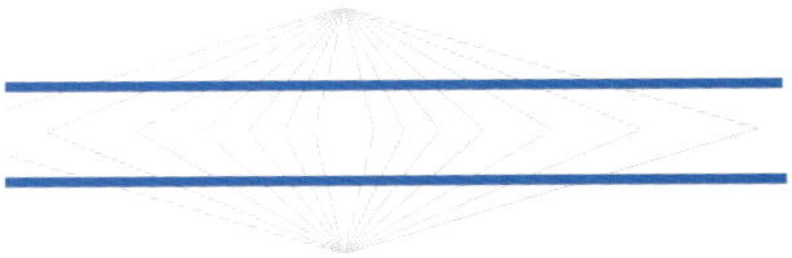

Blendet man die schwarzen, auseinander- oder zusammenlaufenden Linien aus, dann verlieren sie ihre Wirkung: Die waagerechten farbigen Linien sind gerade und verlaufen parallel.

40

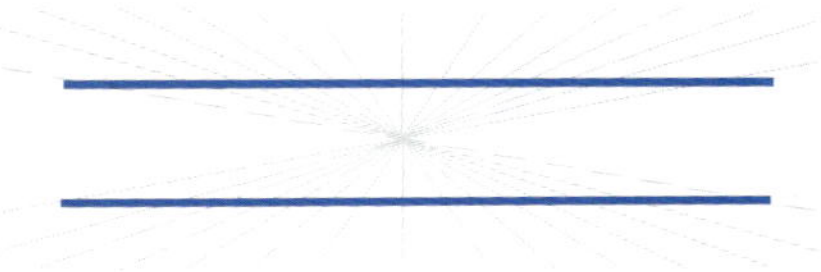

41

42 43

Alle senkrechten Linien hier verlaufen parallel. Wenn der Kontrast abgeschwächt wird, verliert er seine irreführende Wirkung.

44

45

Die schrägen Linien sind nicht durchbrochen.

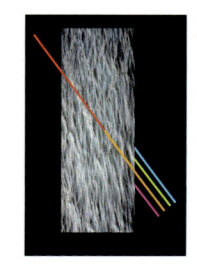

46

Die orangefarbene Linie ist die Verlängerung der roten Linie.

47

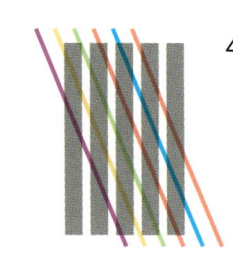

Die farbigen Linien sind wirklich Geraden.

48

Hier scheint es, als fielen die linken Linien ab, während die rechten ansteigen. Das liegt vor allem daran, dass wir von links nach rechts lesen.

49

Die kleinen Bögen treffen in den Spitzen zusammen.

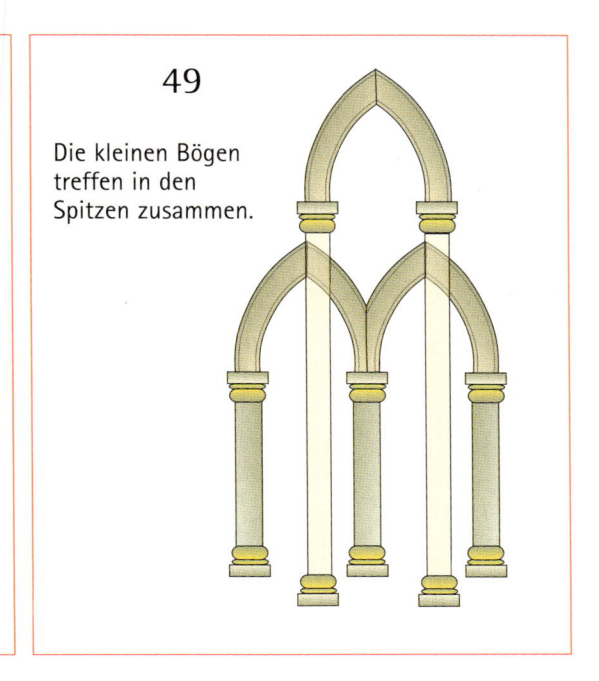

50

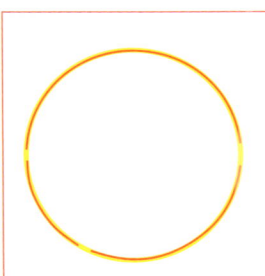

Die drei Bögen sind Teile desselben Kreises, also haben sie auch dieselbe Krümmung.

51

Die beiden Halbkreise sind gleich groß. Der ausgeschnittene Halbkreis liefert den Beweis.

52

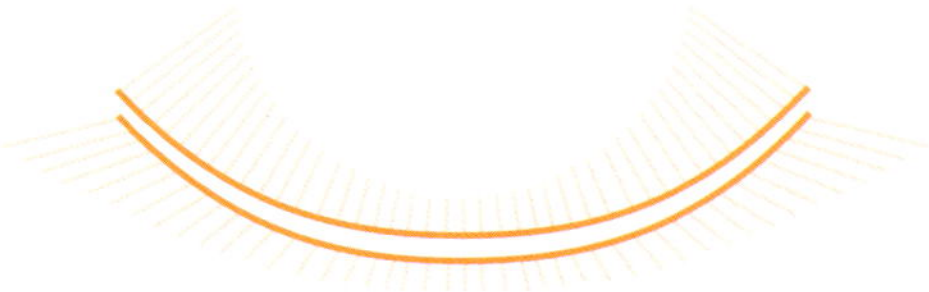

Beide Krümmungen sind identisch.

53

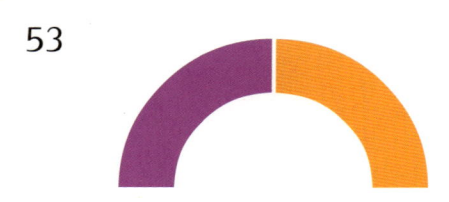

Sowohl die beiden Kreisbögen als auch die Flächen sind jeweils gleich groß. Es liegt an ihrer Position, dass sie ungleich aussehen. Legt man sie symmetrisch nebeneinander, wird deutlich, dass sie gleich groß sind.

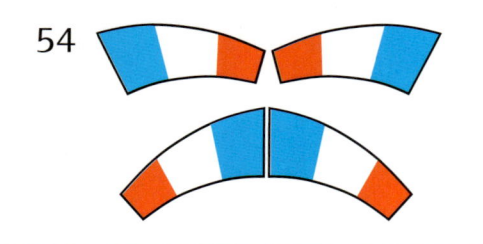

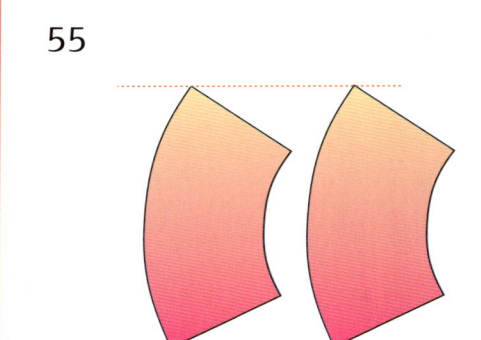

54

55

Diese beiden Halbmonde sind identisch, obwohl der rechte größer wirkt. Die Ausschneidebilder liefern den Beweis.

56

Beide Rahmen sind rechtwinklig. Verringert man den Farbkontrast, wird die Täuschung schwächer. Denkt man sich die Streifen weg, verschwindet sie ganz.

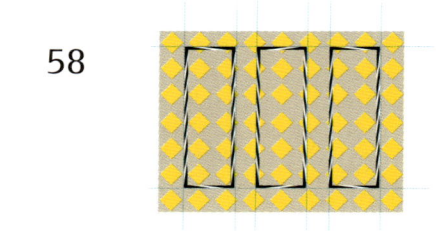

57

58

Die Rechtecke und die Buchstaben sind rechtwinklig. Das lässt sich leicht beweisen, weil die Quadrate bzw. Kreise im Hintergrund auf jeweils einer Linie liegen.

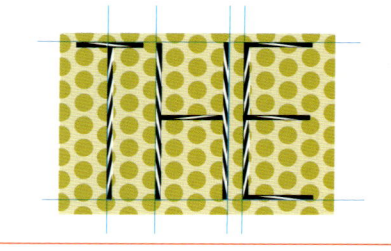

59

60

Nein. Die in der Mitte zusammentreffenden Linien verwirren mit ihren Winkeln die Wahrnehmung von gleichmäßigen Formen.

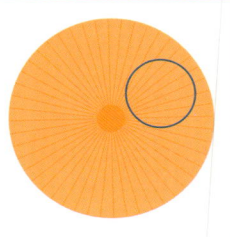

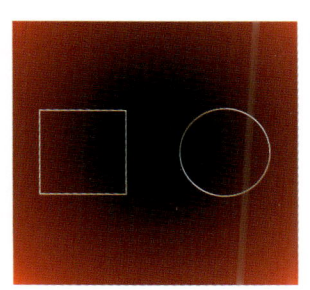

61

Werden die Linien abgeschwächt oder ausgeblendet, verschwindet die optische Täuschung.

62

Keines dieser Quadrate ist verzerrt. Die zum Bildrand hin verlaufenden Kreise verwirren die Wahrnehmung.

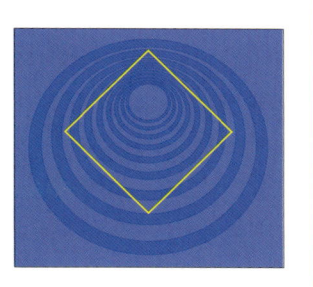

63

64

Die Quadrate sind nicht verzerrt.

65

Ja. Die Kreise verlaufen konzentrisch.

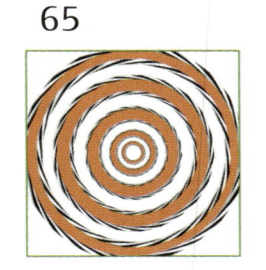

66

Ja. Es lässt sich mit einem Winkelmaß nachprüfen.

67

68

Nein. Ein Zirkel liefert den Beweis.

69

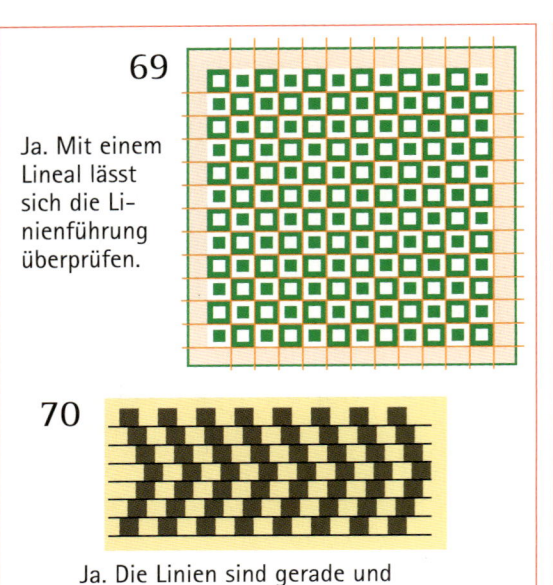

Ja. Mit einem Lineal lässt sich die Linienführung überprüfen.

70

Ja. Die Linien sind gerade und verlaufen parallel.

71

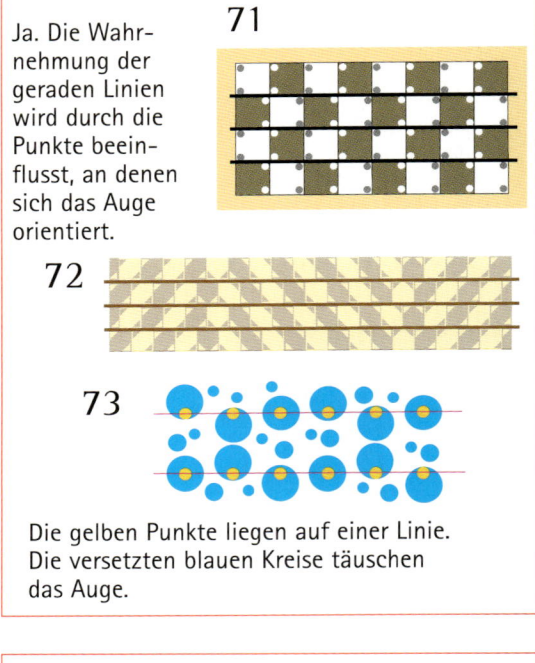

Ja. Die Wahrnehmung der geraden Linien wird durch die Punkte beeinflusst, an denen sich das Auge orientiert.

72

73

Die gelben Punkte liegen auf einer Linie. Die versetzten blauen Kreise täuschen das Auge.

74

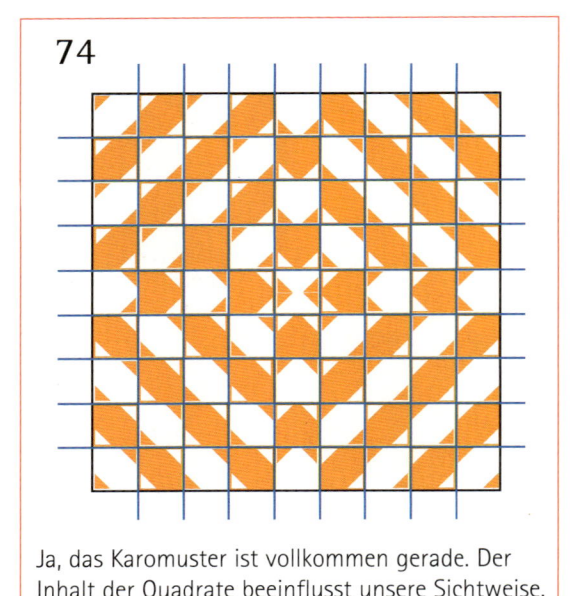

Ja, das Karomuster ist vollkommen gerade. Der Inhalt der Quadrate beeinflusst unsere Sichtweise.

75

Trotz vorgezeichnetem Karomuster besteht der Eindruck einer Krümmung.

76

Die Ausrichtung der Formen stört die gerade Linienführung. Sie lässt sich jedoch mit einem Lineal überprüfen.

77

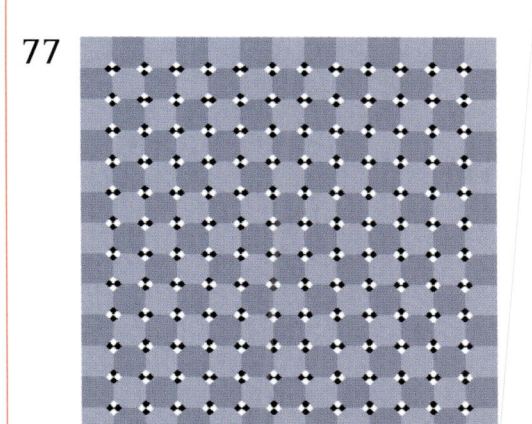

Das Karomuster ist vollkommen rechtwinklig. Die schwarzen und weißen Kreise verwirren die Wahrnehmung.

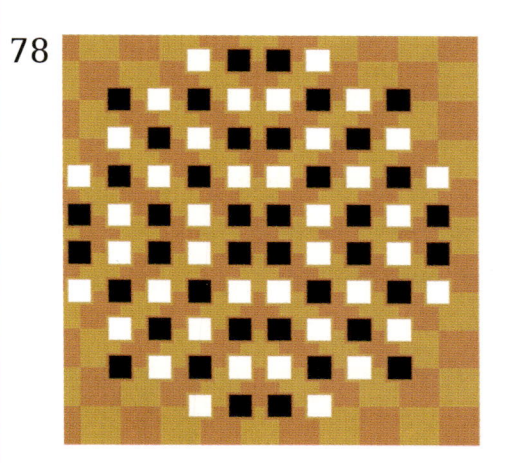

78

Das Karomuster ist vollkommen rechtwinklig. Die Position der schwarzen und weißen Kästchen sowie die Farbe ihrer Umrisse erzeugen den Eindruck räumlicher Tiefe.

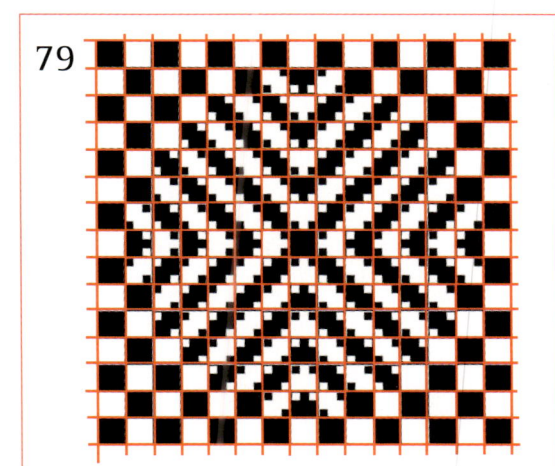

79

Das Muster ist vollkommen rechtwinklig. Die Anordnung der kleinen schwarzen und weißen Kästchen erweckt den Eindruck räumlicher Tiefe. Dadurch wirken sogar die rot eingefärbten Linien verzerrt.

80

Nein, alle Formen sind gleich grau. Die Wahrnehmung wird durch den hellen bzw. dunklen Hintergrund verwirrt.

81

Die Unterbrechung durch einen senkrechten weißen Streifen erhöht den Kontrast zwischen grauem Vordergrund und schwarzem bzw. weißem Hintergrund. Blendet man den Streifen aus, wird der Kontrast schwächer.

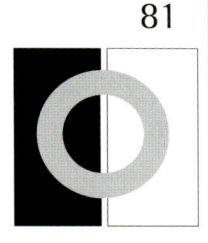

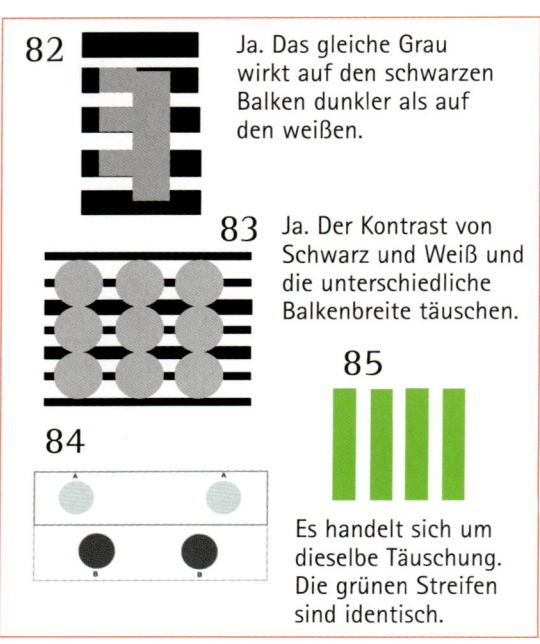

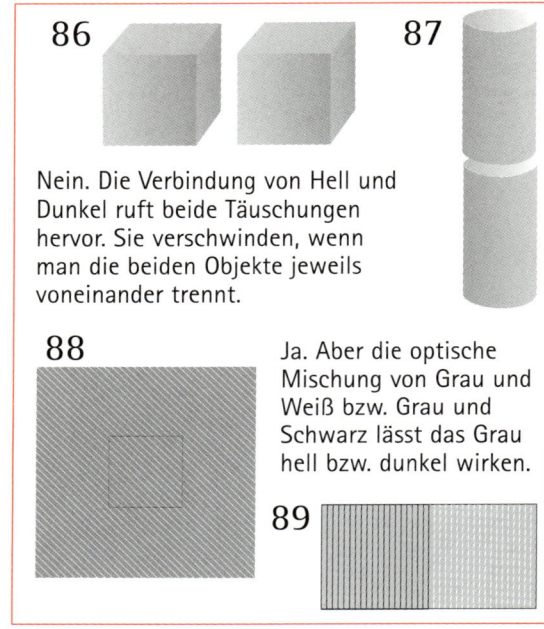

82 Ja. Das gleiche Grau wirkt auf den schwarzen Balken dunkler als auf den weißen.

83 Ja. Der Kontrast von Schwarz und Weiß und die unterschiedliche Balkenbreite täuschen.

85 Es handelt sich um dieselbe Täuschung. Die grünen Streifen sind identisch.

84

86 / **87** Nein. Die Verbindung von Hell und Dunkel ruft beide Täuschungen hervor. Sie verschwinden, wenn man die beiden Objekte jeweils voneinander trennt.

88 Ja. Aber die optische Mischung von Grau und Weiß bzw. Grau und Schwarz lässt das Grau hell bzw. dunkel wirken.

89

90 Alle Streifen sind gleich. Je nach Blickrichtung wirken sie heller oder dunkler.

91 Die senkrechten Linien werden dunkler wahrgenommen, auch wenn man das Bild herumdreht.

92 Dieses Bild zeigt das gleiche Phänomen wie Beispiel 90.

93 Unterdrückt man die Abstufung des Hintergrundes und die Wahrnehmung der schwarzen und weißen Felder, sind die Graustufen gleich.

94 Ja. Hier ist die Täuschung durch den Schatten noch deutlicher. Es sieht aus, als würde er zunehmend dunkler.

95

Betrachtet man einen diagonalen Bereich isoliert, hebt sich keine Diagonale mehr ab.

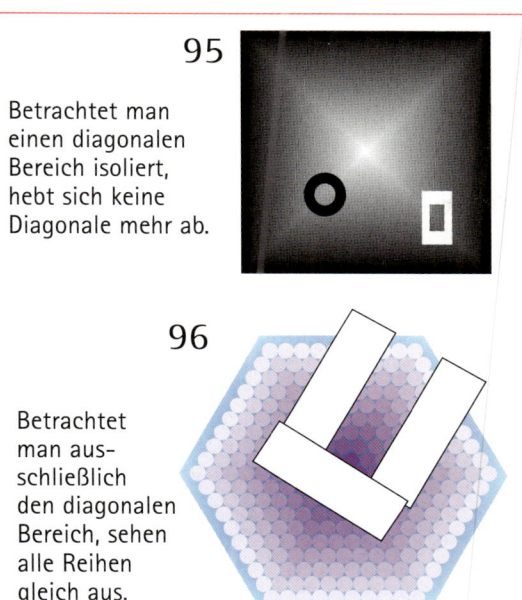

96

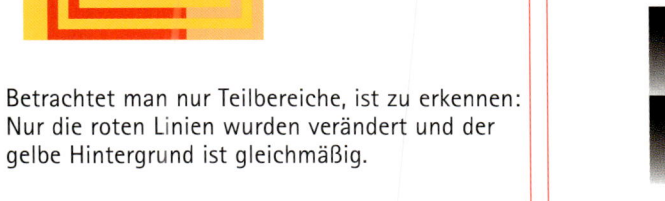

Betrachtet man ausschließlich den diagonalen Bereich, sehen alle Reihen gleich aus.

97

Ohne die Farbabstufung entsteht kein Kugeleffekt.

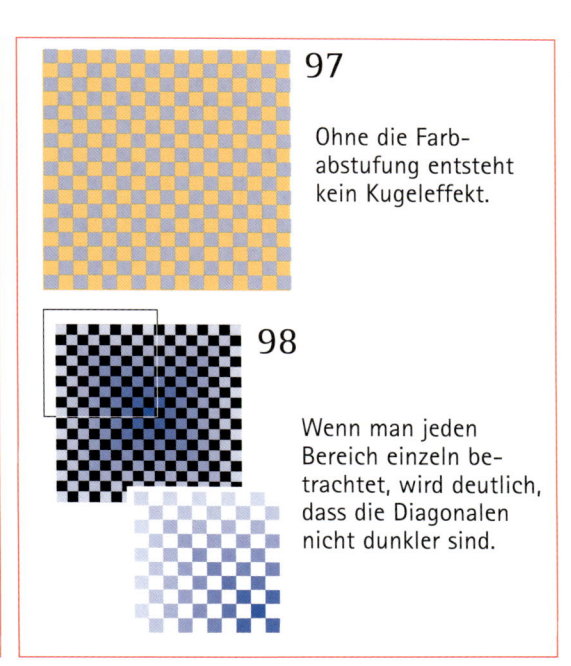

98

Wenn man jeden Bereich einzeln betrachtet, wird deutlich, dass die Diagonalen nicht dunkler sind.

99

Die unterschiedliche Farbintensität der Kreise lässt die Mitte transparent wirken. Wenn man die Farbe der Kreise stark verändert, lässt die Wirkung nach.

100

Betrachtet man nur Teilbereiche, ist zu erkennen: Nur die roten Linien wurden verändert und der gelbe Hintergrund ist gleichmäßig.

101

Bei diesen beiden Täuschungen erscheinen die unteren Reihen heller, weil sie mit dem dunklen Bereich der oberen Reihe kontrastieren – sie haben aber die gleiche Schattierung.

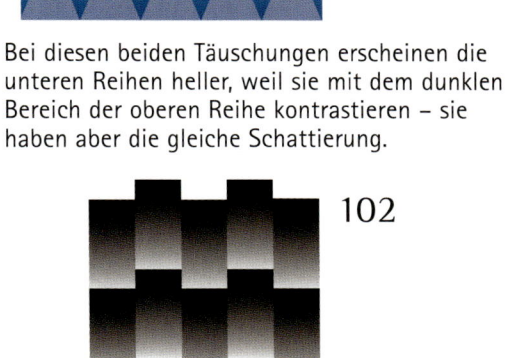

102

103

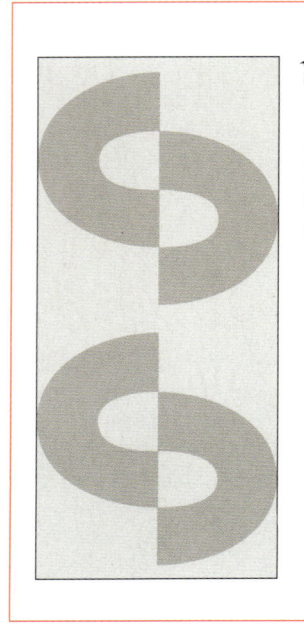

Auf einfarbigem Untergrund haben alle vier Halbkreise das gleiche Grau.

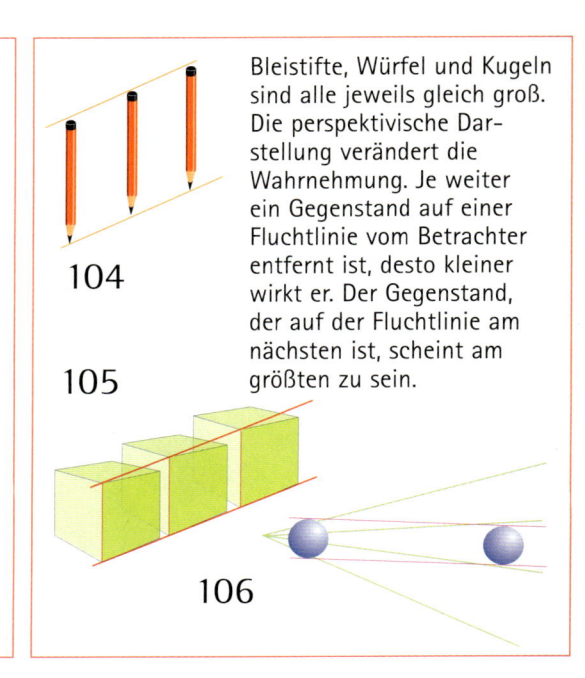

104

105

Bleistifte, Würfel und Kugeln sind alle jeweils gleich groß. Die perspektivische Darstellung verändert die Wahrnehmung. Je weiter ein Gegenstand auf einer Fluchtlinie vom Betrachter entfernt ist, desto kleiner wirkt er. Der Gegenstand, der auf der Fluchtlinie am nächsten ist, scheint am größten zu sein.

106

107

Diese Täuschung funktioniert durch die Perspektive. Räumliche Tiefe nehmen wir in der Realität auf die gleiche Weise wahr.

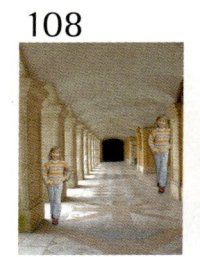

108

109

110

Die beiden Planeten sind weit entfernt. Sie sind zwar gleich groß, aber der am weitesten entfernte Planet wirkt größer.

111

Beide Frauen sind gleich groß.

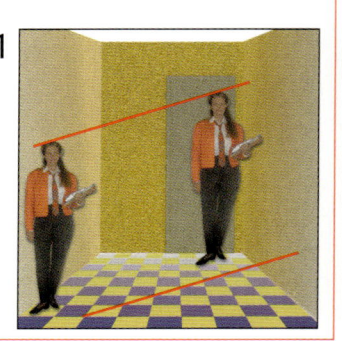

112

Alle Tische wurden mit dem gleichen Parallelogramm gezeichnet. Das Ausschneidebild hinten im Buch beweist es.

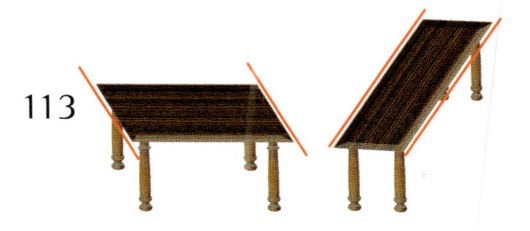

113

Ja. Die Kanten sehen nicht parallel aus, weil das Bild perspektivisch gezeichnet ist. Dadurch vermutet unsere Wahrnehmung einen gemeinsamen Fluchtpunkt, in dem sich die Linien treffen.

114 115

Die Kreise scheinen ihre Helligkeit zu verändern, weil die Hintergrundfarbe wechselt. Ohne den weißen Trennungsstrich wird die Wirkung schwächer oder verschwindet ganz.

116

Nein. Der starke Kontrast zwischen Schwarz und Weiß beeinflusst die Helligkeit der anderen Farben. Darum erscheinen beim Übergang zum weißen Hintergrund dunklere Bereiche.

117

Ja, aber eine kräftige Hintergrundfarbe schwächt die Wahrnehmung eines inneren Quadrats ab und es wirkt kleiner.

118

Nein, aber das Gelb leuchtet stärker als das Rot. Dadurch wirkt das Rosa dunkler.

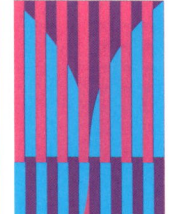

119

Das Blau ist überall gleich. Im Vergleich mit den jeweils angrenzenden Farben scheint sich die Intensität zu ändern.

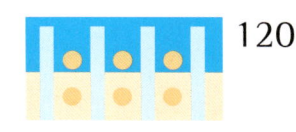

120

Ohne den weißen Streifen verschwinden die Unterschiede in der Helligkeit. Beide Farben sind identisch.

121

Die Wellen sind gleich grün. Der Kontrast zum Hintergrund beeinflusst ihre Farbintensität.

122

Alle Linien sind orange. Durch das Violett wirken sie abgestuft rot bis orange.

123

Ja. Aneinandergereihte hellere oder dunklere Streifen beeinflussen die Helligkeit durch den Kontrast. Die Wirkung ist bei den mittleren Streifen besonders deutlich.

124

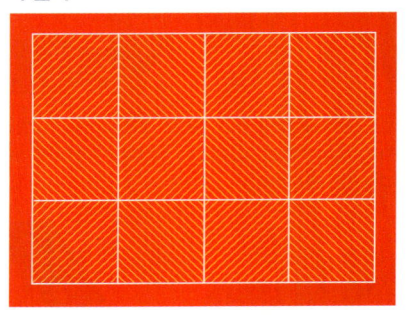

Nein. Eine Mischung von Blau und Rot wirkt dunkler als eine Mischung von Orange und Rot. Wenn man alle Striche in den Quadraten ausblendet, ist das Rot im ganzen Bild gleich.

125

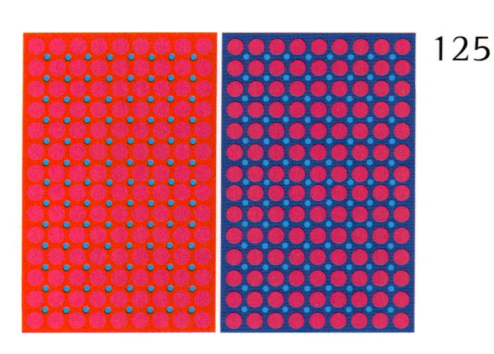

Auf dem linken Bild sehen die blauen Punkte heller aus, weil sie sich von ihrer Komplementärfarbe Rot besser abheben. Komplementärfarben besitzen den größtmöglichen Kontrast, der sogar flimmern kann, wenn beide Farben gleich hell sind.

126

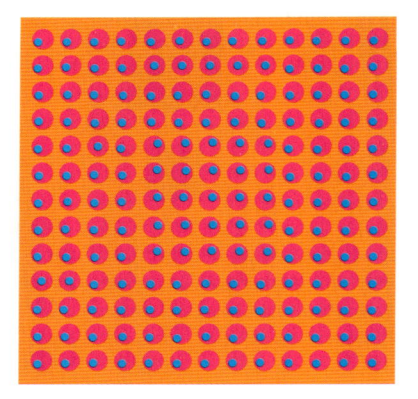

Nach dem gleichen Prinzip erzeugt der Kontrast der Farben Magenta (ein Rot) und Zyan (ein Blau) ein Flimmern, das weiße Punkte erscheinen lässt.

127

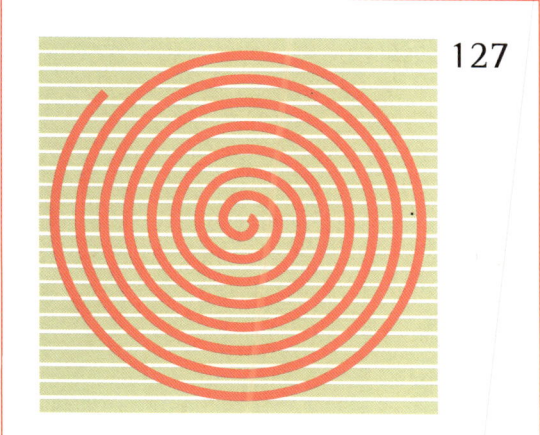

Die Spirale hebt sich abwechselnd von einem hellen und einem dunklen Farbton ab, aber das Rot bleibt immer gleich. Da sich der Kontrast ständig ändert, entsteht der Eindruck von Punkten.

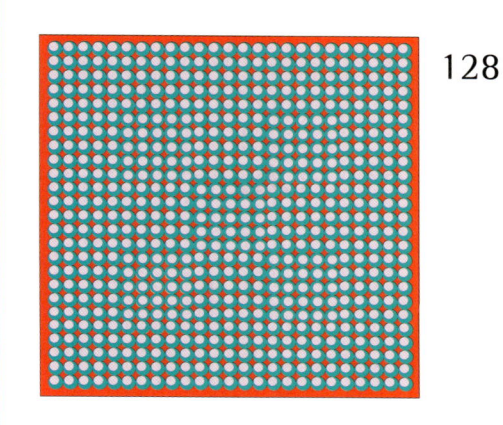

128

Es erscheinen Quadrate, weil einige rosafarbene Punkte nicht mit den blauen auf einer Linie liegen. Das sieht man aber nicht auf den ersten Blick, sondern nur durch die Bewegung des Bildes vom Auge weg.

136 137 138

Der Eindruck von bewegten Bildern entsteht dadurch, dass wir zwei Augen haben, die parallel oder auseinanderlaufend sehen (Binokularität). Wenn sich das Bild den Augen nähert, werden sie gezwungen, sich auf einen einzigen Punkt zu konzentrieren, d.h. zu schielen. So bewegen sich die beiden, von jedem Auge getrennt wahrgenommenen Bilder aufeinander zu.

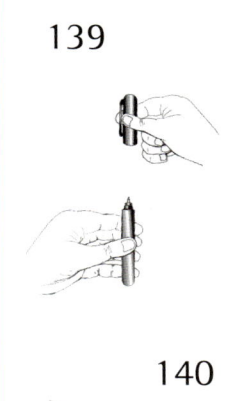

139

Diese Täuschung zeigt, dass man nur mit beiden Augen räumliche Tiefe sehen kann (Binokularität). Mit einem Auge ist es schwer, Entfernungen einzuschätzen. Es ist z.B. nicht ungefährlich, eine Treppe hinunterzusteigen, wenn man nur mit einem Auge sehen kann.

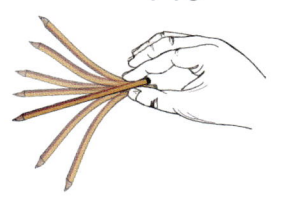

140

Durch die Nachbildwirkung auf der Netzhaut kann der Eindruck entstehen, dass sich ein Gegenstand verbiegt.

141

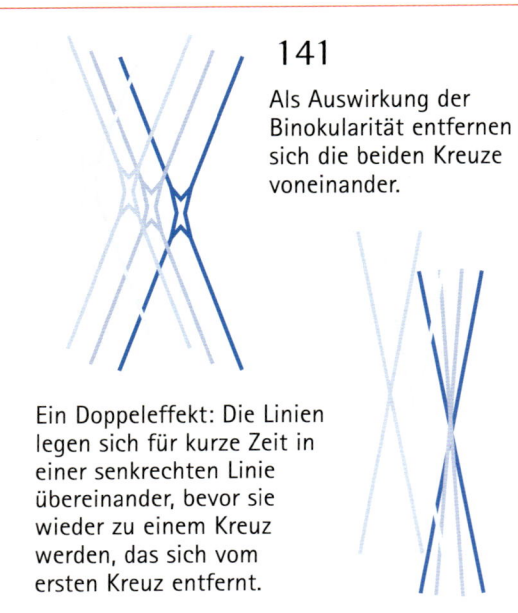

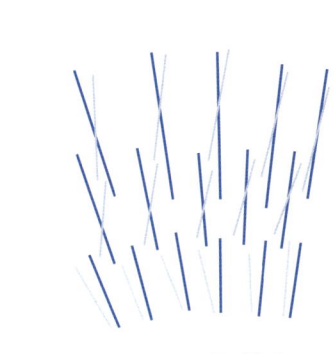

Als Auswirkung der Binokularität entfernen sich die beiden Kreuze voneinander.

Ein Doppeleffekt: Die Linien legen sich für kurze Zeit in einer senkrechten Linie übereinander, bevor sie wieder zu einem Kreuz werden, das sich vom ersten Kreuz entfernt.

142

In dieser Täuschung laufen die Linien auf einen Punkt zu. Wenn man sie jedoch wie vorgeschlagen betrachtet, teilen und kreuzen sie sich.

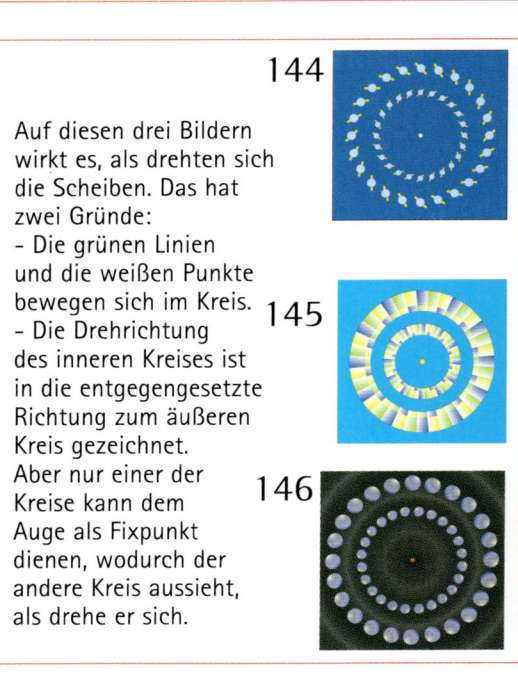

143

Einige Kästchen des Schachbretts sind in sich leicht versetzt. So entsteht der Eindruck einer fließenden Bewegung.

144

Auf diesen drei Bildern wirkt es, als drehten sich die Scheiben. Das hat zwei Gründe:
- Die grünen Linien und die weißen Punkte bewegen sich im Kreis.

145

- Die Drehrichtung des inneren Kreises ist in die entgegengesetzte Richtung zum äußeren Kreis gezeichnet.

146

Aber nur einer der Kreise kann dem Auge als Fixpunkt dienen, wodurch der andere Kreis aussieht, als drehe er sich.

147

Auf beiden Bildern scheinen Spiralen zu sein, tatsächlich sind es aber konzentrische Kreise. Man braucht nur jeden Kreis mit dem Finger nachzuzeichnen.

148

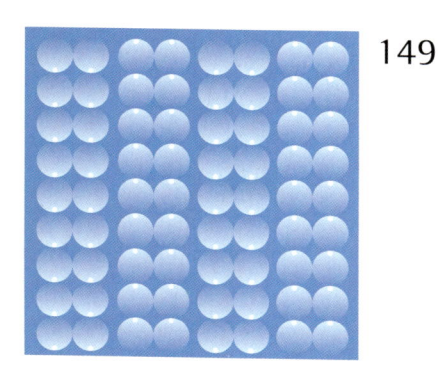

149

Je nachdem, wo der stark kontrastierende weiße Punkt ist, scheinen sich die Kugelkolonnen nach oben oder unten zu bewegen. Der Effekt wird durch die doppelten Reihen verstärkt, weil sich das Auge umso mehr auf eine Kolonne konzentriert.

150

Auf diesen Bildern entsteht die Täuschung durch den ständigen Wechsel stark kontrastierender Farben. Jeder Kreis ist immer im gleichen Winkel zu einem Farbfeld versetzt. Um den Augen einen Fixpunkt zu geben, wirken die kleinen inneren Kreise so als drehten sie sich entgegengesetzt zu den äußeren. Da hier Elemente mit jeweils gegenläufiger Drehrichtung nebeneinanderstehen, verstärkt sich die optische Täuschung.

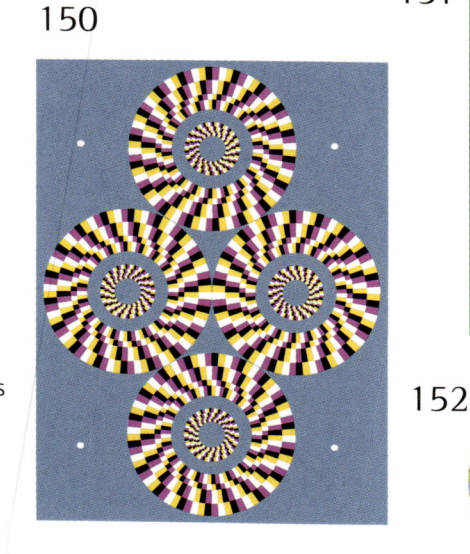

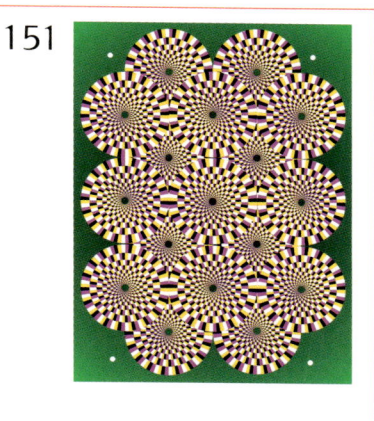

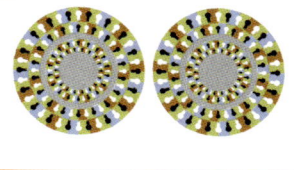

151

152

Auf diesen Bildern sieht es so aus, als ob sich der jeweils mittlere Teil bewegt. Die Umkehr der Farbkontraste bringt unsere visuellen Fixpunkte durcheinander. Deshalb entsteht die Täuschung. Dabei spielen die Kontraste zwischen Hell und Dunkel eine wichtige Rolle.

153

154

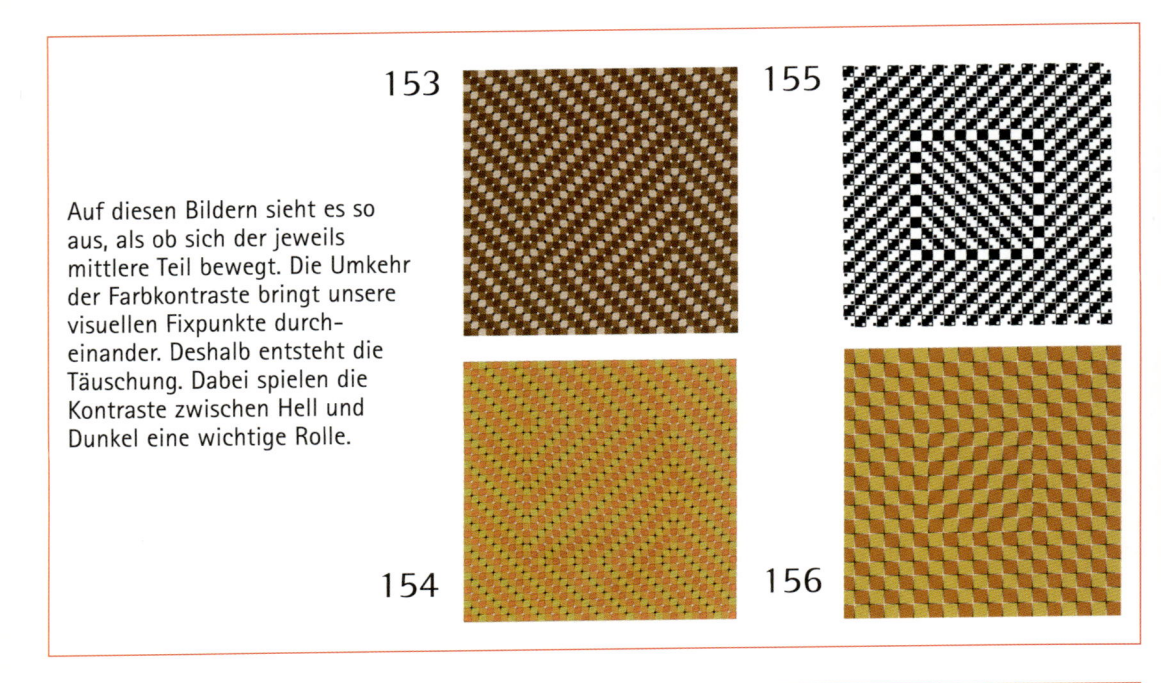

155

156

Hier entsteht der Eindruck von fließender Bewegung und räumlicher Tiefe durch den Kontrast zwischen dem klaren Vordergrund und dem verschwommenen Hintergrund. Würden die klaren und verschwommenen Teile miteinander vertauscht, bliebe die Wirkung bestehen. Die gleiche Täuschung entsteht, wenn man seinen Finger vor einem Hintergrund bzw. den Hintergrund hinter seinem Finger fixiert. Entweder ist der Finger klar zu sehen und der Hintergrund verschwommen oder umgekehrt.

157

158

159

160

161

163 Durch die optische Mischung der schwarzen Quadratecken mit den weißen Linien entsteht Grau. Wenn die Mischung wie hier durch die weißen Punkte in der Mitte abgeschwächt wird, lässt die Wirkung nach.

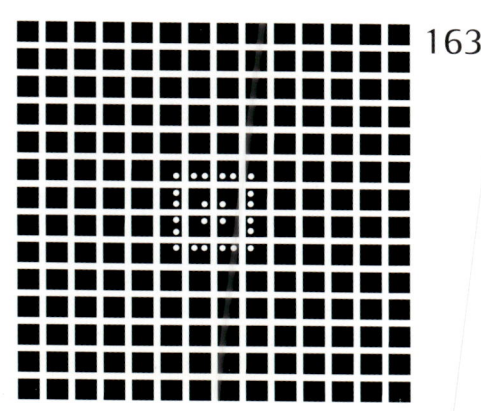

164 Hier ist die Wirkung im Vergleich mit Bild 163 umgekehrt. Wenn man sich auf ein weißes Quadrat konzentriert, werden die anderen Quadrate durch die optische Vermischung mit Schwarz grau und verschmelzen mit dem grauen Gitter.

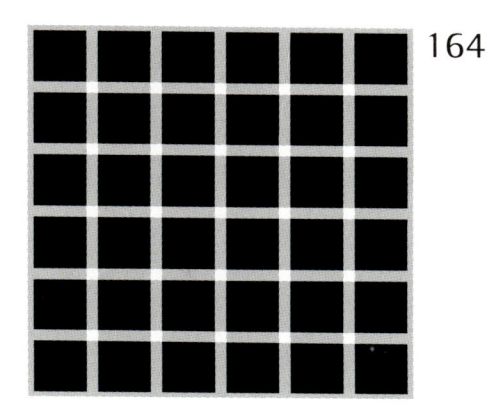

165 Es erscheinen schwarze Punkte. Dort, wo die Ecken der Quadrate aufeinandertreffen, ist der Schwarzanteil besonders hoch und legt sich durch die Nachbildwirkung auf die weißen Punkte.

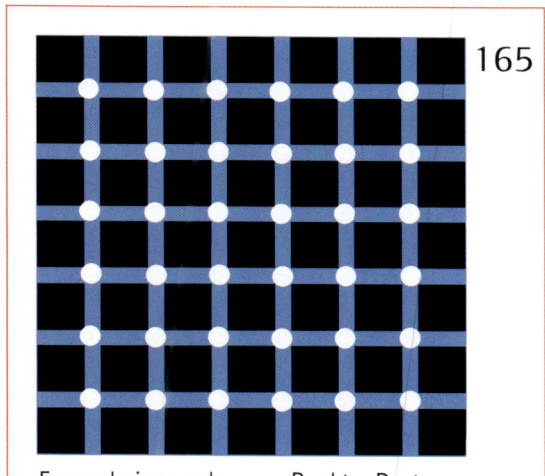

166 167  168 169 170 Da Weiß stärker leuchtet als Schwarz, wirkt es auf der Netzhaut stärker nach. Darum sieht man das weiße Negativbild auf weißem Papier kurz als Positivbild.

171

M. C. Escher lässt das Wasser trickreich durch die perspektivische Darstellung in die Tiefe fallen und wieder nach oben fließen. Die vielseitige und abwechslungsreiche Umgebung des Wasserfalls erschwert die Fehlersuche.

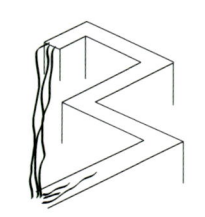

172

Um den Eindruck zu erwecken, dass die Treppe ständig nach oben führt, darf die Ebene kein Quadrat sein. Die Anzahl der Stufen ist auf jeder Seite unterschiedlich. Auch hier lenkt die Umgebung von den perspektivischen Fehlern ab.

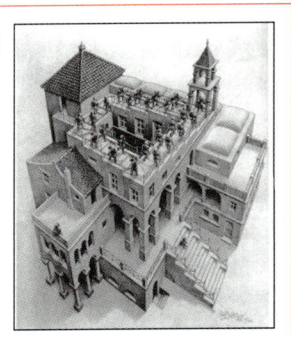

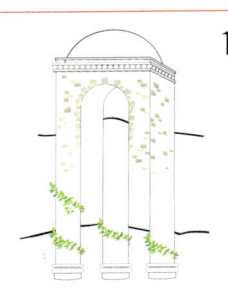

173

Dieser Bogen steht auf runden Säulen, endet aber oben auf rechtwinkligen. Für diesen Effekt müssen die Zwischenräume genauso breit sein wie der Gegenstand an sich.

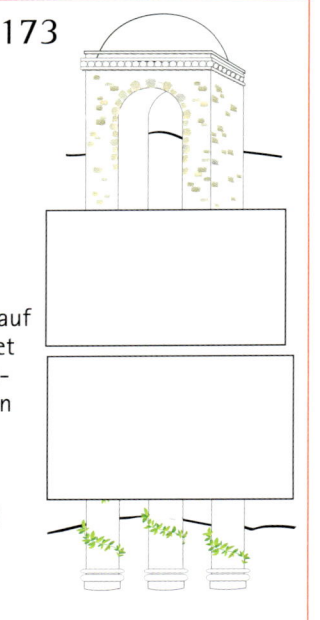

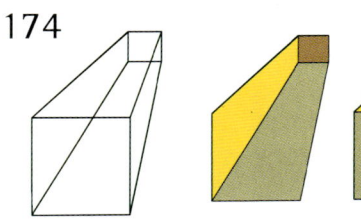

174

Diese durchsichtige Form kann man auf zwei verschiedene Arten interpretieren.

Es handelt sich um eine Abwandlung des klassischen Würfels, den man von oben oder von unten betrachten kann.

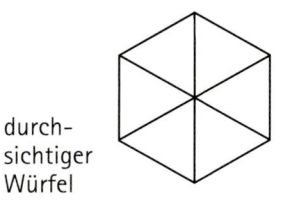

durchsichtiger Würfel

von oben gesehen

von unten gesehen

175

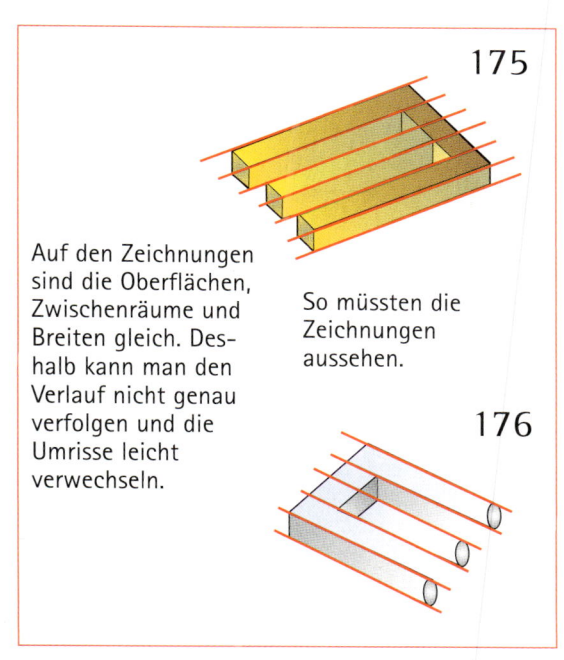

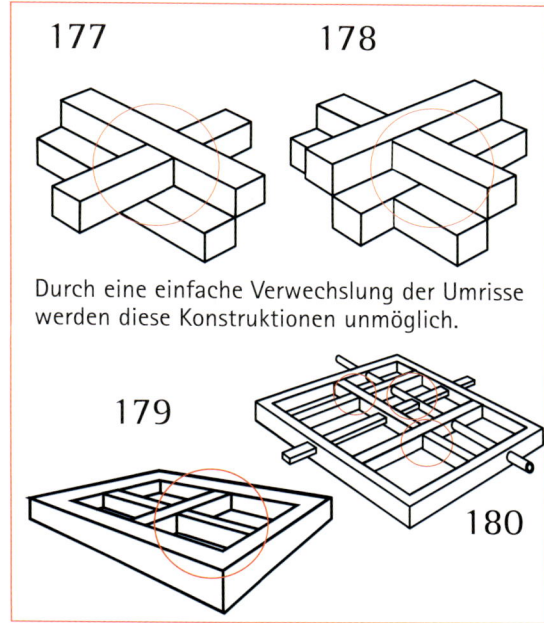

Auf den Zeichnungen sind die Oberflächen, Zwischenräume und Breiten gleich. Deshalb kann man den Verlauf nicht genau verfolgen und die Umrisse leicht verwechseln.

So müssten die Zeichnungen aussehen.

176

177 **178**

Durch eine einfache Verwechslung der Umrisse werden diese Konstruktionen unmöglich.

179

180

181

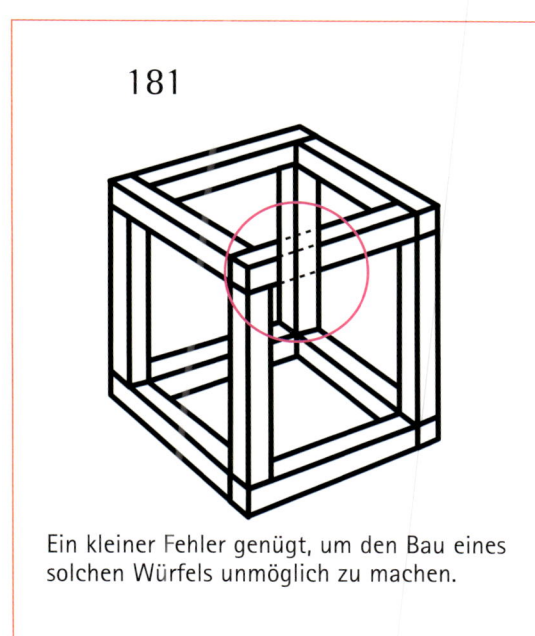

Ein kleiner Fehler genügt, um den Bau eines solchen Würfels unmöglich zu machen.

182

Die Ebene verschiebt sich durch einen Fehler im Verlauf der Form.

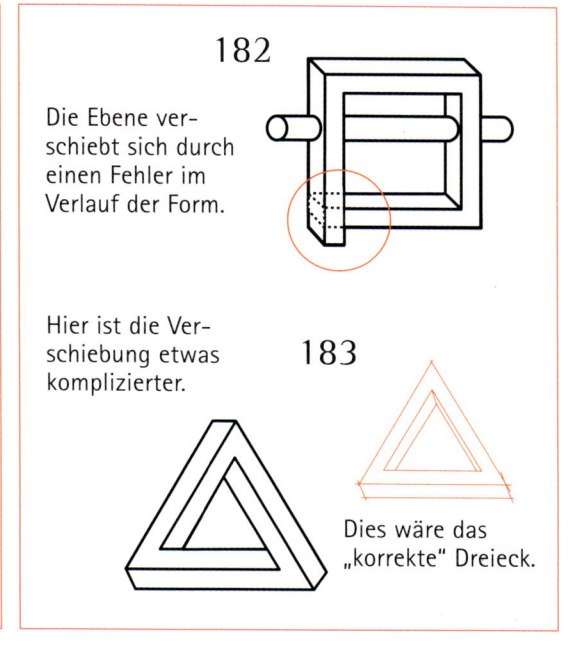

Hier ist die Verschiebung etwas komplizierter.

183

Dies wäre das „korrekte" Dreieck.

184

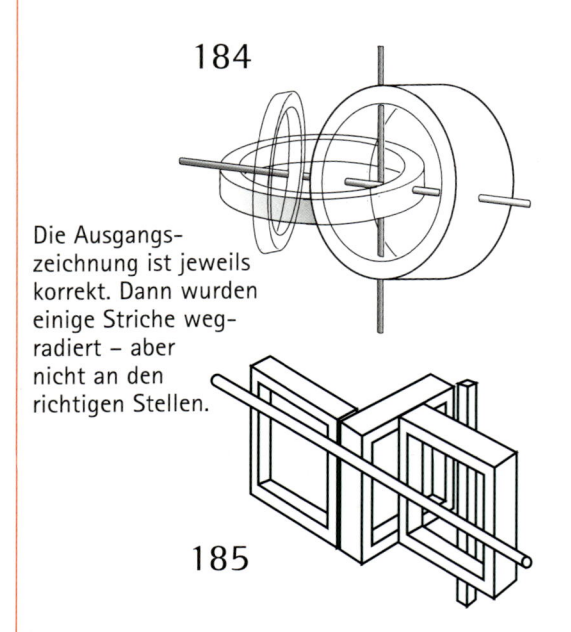

Die Ausgangszeichnung ist jeweils korrekt. Dann wurden einige Striche wegradiert – aber nicht an den richtigen Stellen.

185

186

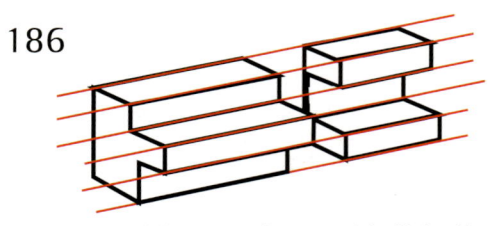

Es handelt sich um zwei unterschiedliche Körper, die aneinandergezeichnet sind. Eine kleine „Verwechslung" in der Linienführung erzeugt einen unmöglichen Körper.

187

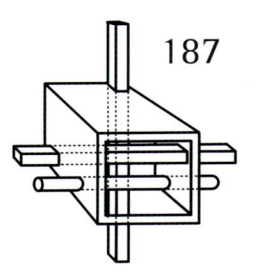

Hier ist es umgekehrt: Es sind Linien zu sehen, die eine, korrekte räumliche Darstellung unmöglich machen.

188

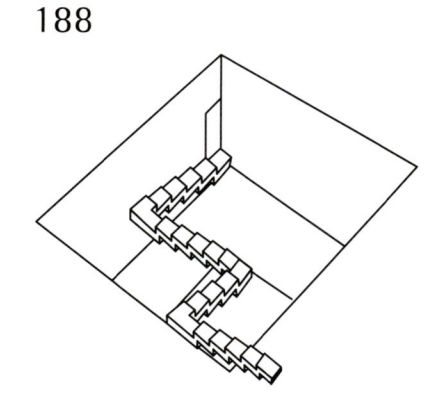

Diese Skizze zeigt die fünf logischen Ebenen. Optische Verwirrung stiftet die Verformung der Ausgangsfläche (das große Quadrat).

189

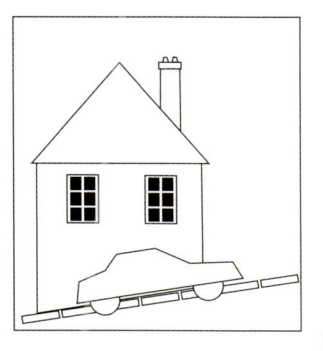

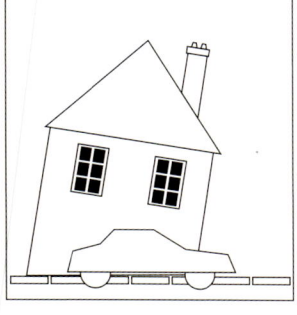

190

191

192

Unsere Vorstellung von „senkrecht" hängt von der waagerechten Linie ab, an der sich das Auge orientiert (also von der Straße). In Wirklichkeit sind die Straßen auf den Fotos aber gar nicht waagerecht. Die optische Täuschung funktioniert nur, wenn man eine Straße mit einem Gefälle mit entsprechend geneigter Kamera so fotografiert, dass sie auf dem Foto als Waagerechte erscheint.

193

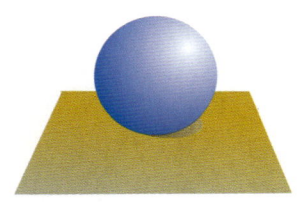

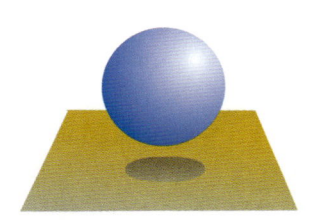

194

Ein einfacher grauer Fleck, der – räumlich gesehen – vor einen Gegenstand gezeichnet wird, wirkt wie ein Schatten. Dadurch entsteht der Eindruck, der Gegenstand schwebe im Raum. Je größer der Abstand zwischen Fleck und Gegenstand ist, desto höher scheint der Gegenstand über der Grundfläche zu schweben.

195

196

Auf dem Umkehrbild wurden Augen und Mund nicht mit umgedreht, sondern entsprechen noch dem Ausgangsbild.

198

199

200

201

197

Die große Ente wird eine Insel, der Schnabel ein Kanu und der Kopf ein großer Fisch.

202

Das Bild zeigt eine junge und eine alte Frau. Manche Menschen sehen nur die eine oder die andere. Die junge Frau sieht man schräg von hinten, sie blickt nach rechts. Die alte Frau blickt nach unten, hat eine Hakennase und ein spitzes Kinn. Ihr roter Mund ist das Halsband des jungen Mädchens.

203

Diese beiden Bilder sind nach dem gleichen Prinzip gemalt: ein Profil und eine schräge Rückenansicht.

204

205

206

177

207

Auf diesem Bild sieht man eine Gruppe von Afrikanern vor einer Hütte. Dreht man es auf die Seite, ist ein Gesicht zu erkennen.

208

Die Spiegelbilder der Schwäne im Wasser sehen wie Elefanten aus.

Salvador Dalí hat in vielen seiner Gemälde Bilder versteckt: In „The image disappears" (Das Bild verschwindet), „Galacidallahcidésoxybonucléique" (Galacidalacidesoryribonucleidacid), „Les Trois Ages" (Die drei Lebensalter), „L'Apothèose du dollar" (Die Apotheose des Dollars) und in vielen mehr.

209

Salvador Dalí versteckte in mehreren Bildern Büsten von Voltaire.

212

Die Lippen sind der Rücken des sitzenden Kindermädchens. Ein ähnliches Bild versteckte Dalí auch in „Les Trois Ages" (Die drei Lebensalter).

213

214

Dieses Bild ist leicht retuschiert, damit man die beiden Gesichter besser sieht, die je nach Beleuchtung und Blickwinkel an dieser portugiesischen Steilküste zu erkennen sind.

213

Auf diesem Bild ist der General zu erkennen, sein alter Vater, seine Tochter mit einem Kind auf dem Arm und natürlich sein Hund.

214

Dieses alte Paar sieht noch einmal seine erste Begegnung.

215

Im Kopf von Don Quixote sind seine Fantasien versteckt.

179

Biografien und Danksagung

Edward H. Adelson
Edward Adelson ist Professor für Kognitive Wissenschaften am berühmten Massachusetts Institute of Technology (M.I.T.) in Camebridge in den Vereinigen Staaten. Er veröffentlichte viele Arbeiten über Licht und Schatten, Transparenz und Kontraste. Mit seinem Schachbrett (Seite 63, Täuschung Nr. 94) hat er seine Forschungsergebnisse einer breiten Öffentlichkeit vorgestellt. Wir danken ihm, dass wir das Bild übernehmen durften.

Akiyoshi Kitaoka
Akiyoshi Kitaoka ist Professor für Psychologie an der Ritsumeikan-Universität von Kyoto in Japan. Er ist ein großer Liebhaber von optischen Täuschungen und erfindet ständig neue Bilder, die mit unserer Wahrnehmung von Bewegungen und Farben spielen.
Wir danken ihm für seine freundliche Genehmigung. Auf seiner Internetseite (http://www.ritsumei.ac.jp/~akitaoka/index-e.html) gibt es noch mehr seiner Bilder zu entdecken – aber passen Sie auf, dass Ihnen nicht schwindlig wird!

Octavio Ocampo
Octavio Ocampo ist ein mexikanischer Porträtmaler, der die gleiche Maltechnik verwendet wie der italienische Maler der Renaissance, Arcimboldo: den Metamorphismus. Seine Gesichter und Körper bestehen aus dekorativen Elementen. Während Arcimboldo seine Porträts vor allem aus Früchten, Gemüse und Blumen zusammensetzte, sind es bei Octavio Ocampo Elemente, die etwas mit dem gemalten Gegenstand oder der porträtierten Person zu tun haben. Das verleiht seinen Porträts eine doppelte Ebene. Wir bedanken uns bei Amazing Art Images LLC (http://www.amazingartimages.com) für ihre freundliche Erlaubnis.

M. C. Escher
Der holländische Maler und Graveur M. C. Escher ist bekannt für seine unmöglichen Konstruktionen, seine räumlichen Pflasterungen und seine befremdlichen Perspektiven. Seine Werke sind von der Realität inspiriert und zeigen Konstruktionen, die auf den ersten Blick normal wirken. Erst bei genauerer Betrachtung erkennt man die Ungereimtheiten. Wir danken der M. C. Escher Company BV (http://www.mcescher.com) für die freundliche Genehmigung.

Gustave Verbeek
Zu Beginn des 20. Jahrhunderts erschienen in einer New Yorker Zeitung täglich Comics von Gustave Verbeek, die eine wahre Glanzleistung darstellten. Auf nur sechs Zeichenfeldern brachte er kleine Geschichten in zwölf Bildern unter: Nach dem sechsten Feld drehte der Leser die Zeitung auf den Kopf, um die Geschichte weiterzulesen! Das erste Bild war immer zugleich das letzte der Geschichte.. Das Umkehrbild „The incredible upside downs" (Seite 140, Täuschung 197) ist die Titelseite des Sammelbandes seiner Zeichnungen. Wir danken der Edition Horay für ihre Abdruckgenehmigung.

Salvador Dalí
Der große surrealistische Maler malte viele Gemälde mit versteckten Bildern oder optischen Täuschungen – eine im Surrealismus beliebte Technik, um fremde Welten zu erschaffen. Max Ernst, Magritte und viele andere haben ebenfalls Gemälde dieser Art gemalt. Wir danken der Stiftung Gala – Salvador Dalí und der ADAGP für ihre Erlaubnis.

Ebenfalls bedanken wir uns bei der Imagerie d'Epinal für ihre Unterstützung.

Kleines Glossar

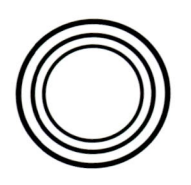

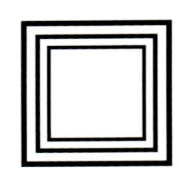

Konzentrisch
Geometrische Formen, die um einen gemeinsamen Mittelpunkt angeordnet sind, z.B. Kreise oder Quadrate.

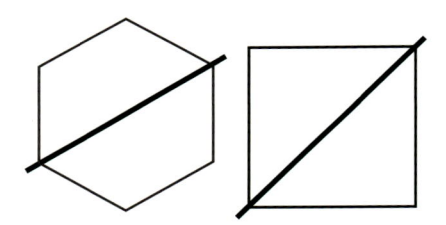

Diagonal
Verbindungsgerade zwischen zwei gegenüber liegenden, nicht benachbarten Ecken einer geometrischen Form.

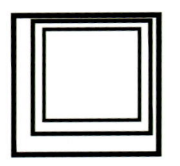

Exzentrisch
Geometrische Formen, die nicht um einen gemeinsamen Mittelpunkt angeordnet sind.

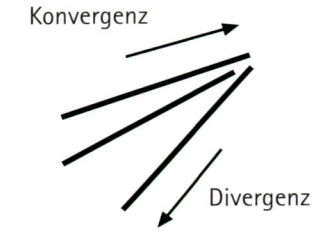

Konvergenz

Divergenz

Konvergierende Linien
treffen sich in einem gemeinsamen Punkt.

Divergierende Linien
entfernen sich voneinander.

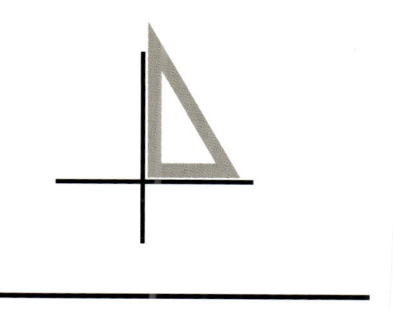

Rechtwinklige Linien
bilden miteinander einen Winkel von 90°.

Geraden
sind gerade Linien, die keine Endpunkte haben.

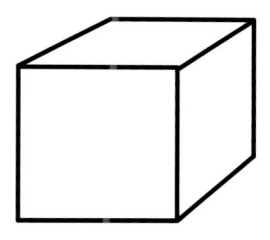

Perspektive
Bei einer Perspektive werden dreidimensionale Objekte auf einer zweidimensionalen Fläche so dargestellt, dass der Eindruck räumlicher Tiefe entsteht. Es gibt verschiedene Arten wie Zentralprojektion, Parallelprojektion, Froschperspektive, Vogelperspektive, umgekehrte Perspektive, Luftperspektive, Farbperspektive.

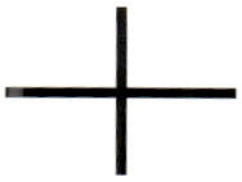

Schnittpunkt
Der gemeinsame Punkt zweier oder mehrerer Geraden.

Spirale
Eine Spirale ist eine zweidimensionale Kurve, die um einen zentralen Punkt oder eine Achse verläuft und sich – abhängig von ihrer Laufrichtung – immer weiter davon entfernt oder annähert.

Strecke
Stück einer Geraden, das durch einen Anfangs- und einen Endpunkt begrenzt ist.

Binokulares Sehen
Das Sehen mit zwei Augen.

Monokulares Sehen
Das Sehen mit einem Auge.